FREXIT

UE : EN SORTIR POUR S'EN SORTIR

FLORIAN PHILIPPOT

FREXIT

UE : EN SORTIR POUR S'EN SORTIR

L'ARTILLEUR

ISBN 978-2-81000-756-1

16 rue Vézelay – 75008 Paris

Sommaire

FNexit
« Vas-y Steeve, lance les hostilités ! »

C'est par ces mots adressés par Marine Le Pen à Steeve Briois que je fus accueilli à ce qui devait être mon dernier bureau exécutif du Front national (FN), début septembre 2017, au siège du parti à Nanterre.

En vérité, ce bureau était disciplinaire. À mon arrivée quinze minutes avant l'heure de convocation, l'un des protagonistes Wallerand de Saint-Just m'avait curieusement demandé de changer de place et de m'asseoir devant la table qui faisait face à Marine Le Pen. Je ne compris pas immédiatement qu'il s'agissait de la place de l'accusé, du militant qui « dérape », de l'élu déloyal qu'on traîne en commission de discipline avant de l'exclure…

À la fin des deux heures que dura ce bureau, qui aurait pu s'éterniser si je n'avais pas mis fin à la réunion par mon départ, je comprenais que c'était fini. Je serais aujourd'hui incapable de retracer les dizaines de reproches que j'ai entendus pendant ces deux heures, tant j'ai eu le sentiment que la mauvaise foi dominait. Ce qui me frappa fut bien davantage la violence avec laquelle on s'adressait à moi, et la passivité complice de Marine Le Pen qui, cette fois, pour la première fois en huit ans, restait silencieuse devant le spectacle de ses chiens lâchés sur moi.

Quelques jours plus tard, un bureau politique, instance plus large que les bureaux exécutifs, formaliserait l'ultimatum qui m'était lancé : rentrer dans le rang ou partir.

Avec quelques amis, nous avions parié sur le partage des rôles lors de ce bureau terminal : on allait envoyer Gilles Lebreton me mordre les mollets, l'homme que j'avais amené au FN puis fait élire député européen ayant pris l'habitude depuis quelques mois de me flinguer par tweet, en bonne marionnette des ventriloques de Nanterre.

Puis son compère Gilles Pennelle, chef de groupe FN au conseil régional de Bretagne, allait jouer l'indigné pour mieux appuyer son ami et emporter la condamnation quasi exclusive de la salle. Le duo infernal Bilde et Briois, jour et nuit à la manœuvre avec leur camarade Chenu, allait opiner du chef, l'air navré, presque triste pour moi. Lasse, Marine Le Pen allait intervenir pour me faire réaliser que le bureau politique – je le voyais bien en direct ! – était épuisé et qu'elle ne pouvait faire autrement que de sévir… Qui aime bien châtie bien… J'ai assisté à trop de ces grand-messes pour ignorer comment cette mécanique fonctionne. Et ma prédiction fut alors totalement confirmée.

« Avouez-le, soyez honnêtes pour une fois : gaulliste, chevènementiste, homosexuel, énarque, vous n'avez jamais pu supporter tout cela ! » Leur lancer en plein visage cette phrase qui me brûlait les lèvres depuis des mois et voir d'un coup leur mine se teinter de honte et de crainte furent mon seul plaisir ce jour-là.

Leur coup était bien ficelé. Quelques jours plus tôt, une lettre adressée à la direction du FN et signée par une dizaine d'élus du groupe FN que je présidais alors au conseil régional du Grand Est fuitait comme par hasard dans la presse. Cette lettre fielleuse me faisait mille griefs. Des remontrances venues de « la base », donc crédibles, un énième coup de couteau destiné à affaiblir la bête et à la mettre à terre définitivement.

Plusieurs mois après mon départ du FN, un élu signataire est venu me faire une confidence en pleine session régionale à Metz : cette lettre avait en fait été rédigée au siège du parti à Nanterre, et il avait été demandé aux élus en question de la signer...

La scène finale de cette tragi-comédie se déroula sur France 2, de bon matin le 21 septembre 2017. La veille, Marine Le Pen avait fini par retirer mes délégations, communication et stratégie, tout en me conservant ma vice-présidence, probablement par crainte d'un recours contentieux de ma part (que je n'aurais pas fait). J'étais donc vice-président à rien. Et c'est devant la journaliste Caroline Roux sur la chaîne publique que je mis fin au ridicule de la situation en annonçant mon départ du Front national. Dans la foulée, l'eurodéputée Sophie Montel et une vingtaine de conseillers régionaux firent de même. Au fil des mois ils furent rejoints par une quinzaine d'élus régionaux supplémentaires, deux conseillers départementaux, une autre eurodéputée, Mireille d'Ornano, un député à l'Assemblée nationale, José

Évrard, une centaine de conseillers municipaux et deux maires de la ruralité, dont Gérard Marchand qui porte l'écharpe tricolore dans la célèbre petite commune de Brachay, où Marine Le Pen avait pris l'habitude de faire sa rentrée politique chaque année.

Comment en sommes-nous arrivés là ?

Fondamentalement, et quels qu'aient pu être tous les soubresauts des quatre mois et demi qui ont séparé la défaite de l'élection présidentielle du jour de mon départ, la rupture s'est faite sur les idées. Marine Le Pen et moi n'étions plus d'accord mais personne n'osait se l'avouer. Et ce point de désaccord n'est pas mineur. Il est essentiel. Il tient à l'indépendance de la France, et donc à la stratégie à adopter par rapport à l'Union européenne (UE).

Tant que je sentais et que j'avais la preuve que Marine Le Pen tenait bon le cap d'une sortie de la France de l'Union européenne, d'une restauration intégrale de la souveraineté nationale, condition de toute politique, je pouvais avancer avec confiance, et même supporter le reste…

À partir du moment où Marine Le Pen cédait aux sirènes d'un entourage plus préoccupé par l'avenir de ses mandats que par la cohérence d'une politique réellement différente, le reste devenait obsédant.

Je reviendrai plus tard sur « le reste ».

Mais essayons de comprendre ce qui s'est passé.

Nous sommes le 3 mai 2017, soir du fameux débat de l'entre-deux-tours de l'élection présidentielle. Marine Le Pen est catastrophique, sur le fond et plus encore sur la forme. Elle ne rassure pas, elle fait peur. Sa posture ne convient pas. Son ton est décalé. Ses rictus et ses rires inquiètent. Ce soir-là, des millions de voix basculent, ou se perdent pour longtemps dans l'océan de l'abstention.

Je reçois pendant le débat et dans les heures qui ont suivi des dizaines de textos, mais c'est celui d'une proche collaboratrice, Marie-Amélie Dutheil de La Rochère, qui attire mon attention : « Marine refait exactement le même débat qu'aux régionales face à Xavier Bertrand, c'est incroyable, c'est incompréhensible, quel gâchis ! » En effet, celui-ci est moins connu, mais Marine Le Pen avait déjà planté dans les largeurs et les longueurs un débat de second tour, en décembre 2015, alors qu'elle briguait la présidence de la région Hauts-de-France. Face à Xavier Bertrand, elle s'était effondrée, et avait montré de nombreux signes d'énervement et d'agressivité, ceux qu'on retrouvera un an et demi plus tard face à Emmanuel Macron.

À l'issue de la confrontation avec celui qui ne pouvait maintenant que gagner haut la main, avant le retour de la candidate dans les loges, c'était pour chacun la consternation. Il n'y avait guère que Bruno Bilde, Louis Aliot et surtout Philippe Olivier, le beau-frère de Marine Le Pen, et désormais son principal stratège, pour se réjouir du spectacle auquel nous venions d'assister et vanter la « pugnacité » dont elle avait fait preuve…

Le débat présidentiel est en réalité mauvais de la première à la dernière minute. La danse dite « des envahisseurs » restera dans les mémoires, mais il en est une autre qui a marqué les commentateurs : les quelques minutes, qui paraissent une éternité, passées à débattre de l'euro. Marine Le Pen se noie complètement sur le sujet. Emmanuel Macron l'assomme.

Quelques jours avant le débat, Marine Le Pen avait reçu le soutien de Nicolas Dupont-Aignan. Moment de joie, de fête. Mais très vite les nuages s'amoncellent : son nouvel allié est très gourmand. Non seulement il fait savoir qu'il n'appellera pas à voter Marine Le Pen si l'engagement n'est pas pris publiquement qu'il sera Premier ministre (je crois qu'il y a sincèrement cru…), mais il conditionne aussi son soutien à des modifications du programme présidentiel de la candidate. Ce caprice est une folie à quelques jours du scrutin car nous savons d'ores et déjà qu'il sera très difficile d'expliquer aux Français ces changements. C'est vrai en particulier sur l'euro, où Nicolas Dupont-Aignan impose l'idée de la « double monnaie ». Théorie aussi fumeuse politiquement qu'économiquement. C'est sur cette double monnaie que Marine Le Pen va buter le plus douloureusement le soir du débat.

Si Marine Le Pen a accepté cette modification substantielle de son projet présidentiel, malgré nos avertissements, c'est qu'elle était en train de changer d'avis sur l'Europe. Sous pression d'un entourage très à droite revenu récemment, à commencer par le mari de sa sœur Marie-Caroline, un certain Philippe Olivier, ex-collaborateur de Bruno Mégret, aujourd'hui principal conseiller de la patronne du FN, sa plume, son stratège, et, en privé, un homme totalement rallié à l'Union européenne et l'euro. Changement aussi sous pression de ceux qui autour d'elle n'ont jamais rien compris à l'euro et priaient intérieurement avant chaque émission pour que les journalistes n'aillent pas sur le sujet, comme le cancre tente de se faire oublier face au professeur. Je pense ici en particulier à son compagnon Louis Aliot, qui fut lui, de tout temps et sans complexe, un authentique vice-président à rien. Sous pression enfin des visiteurs du soir de la campagne, à commencer par Patrick Buisson, omniprésent dans cette présidentielle version 2017, et qui obstinément conseillait à Marine Le Pen d'abandonner le combat souverainiste pour se concentrer sur les obsessions identitaires. Patrick Buisson est un homme tellement bien inspiré que le lendemain matin du débat de second tour, il trouvera le moyen de dire à Marine Le Pen par téléphone qu'à ses yeux elle avait fait « un bon débat, qui déplaira aux journalistes et à Sciences-Po mais qui plaira au peuple »...

Marine Le Pen était donc à cette époque une citadelle assiégée, qui finit par céder devant un Nicolas Dupont-Aignan converti quelque temps avant elle. Avant elle, il avait en effet déjà baissé les armes face à l'UE et l'euro : défense de la double monnaie, condamnation du « Frexit », qu'il finira même en avril 2018 par qualifier d'« aberration », mise à l'arrière-plan des thématiques européennes, mais aussi sociales, ou liées au service public.

À l'origine, les mêmes conseillers, la même petite musique lancinante, selon laquelle les Français ne seraient pas prêts à sortir de l'euro et de l'Union européenne, parole de sondages. Ces fameux sondages qui en 2005, souvenons-nous, prédisaient la victoire écrasante du OUI à la constitution européenne...

Et puis il ne faut pas négliger dans ces évolutions l'impact de deux événements relativement récents : d'abord La Manif pour tous en 2013, que certains dans les milieux les plus conservateurs ont voulu voir, à tort, comme un Mai 68 à l'envers, le grand réveil de la droite, la réactivation du clivage entre la gauche honnie et la droite chérie. La crise migratoire en 2015 ensuite, qui a fait perdre la tête à certains cadres, et laissé penser aux mêmes que leur heure était enfin venue, que la gravité exceptionnelle de la situation allait finir de balayer les gouvernements en place et de convaincre les peuples que seuls des partis vraiment à droite pourraient les sauver d'un péril imminent. À l'époque, des centaines de milliers de migrants débarquaient en Europe : ces chiffres jamais vus et les images passant en boucle sur les écrans de télévision justifiaient pour ceux qui manquaient de sang-froid un revirement à cent quatre-vingts degrés de stratégie. Puisqu'en eux bouillaient la rage et la haine devant de telles images, ils étaient persuadés qu'il en était de même dans le cœur des électeurs qui allaient alors en masse se saisir du bulletin de vote bleu marine.

À l'époque de ces deux événements, j'ai vu les mêmes perdre subitement toute rationalité et se croire à la veille d'un grand chamboulement. Un courant a matérialisé cette fausse croyance selon laquelle tout avait changé, il a rapidement été baptisé « droite hors les murs ». Pour cette droite « HLM », il y avait bien une gauche et une droite et il fallait à tout prix, au prix de la cohérence et des idées d'abord, faire l'unité de cette dernière. Pour la droite HLM, la souveraineté nationale était une question encombrante, compliquée, qui divise. Autant s'en débarrasser ! Il est tellement plus facile de s'en tenir à un discours simpliste contre l'immigration et pour les « valeurs ».

À partir des années 2013-2015, cette vision simpliste, qui se définit plus par rapport à un objectif électoral que sur des idées, a commencé à travailler le Front national mariniste, alors qu'elle avait déjà séduit un penseur comme Éric Zémmour, un ancien gaulliste comme Paul-Marie Coûteaux ou, on l'a vu, le député Nicolas Dupont-Aignan. C'était un travail sans relâche, mêlant séduction et intimidation, utilisant les « médias » du « milieu » pour exercer une pression continue. On notera ici le rôle du mégrétiste Jean-Yves Le Gallou, aujourd'hui l'un des proches conseillers de Marion Maréchal.

En 2018, ce courant est au pouvoir au FN, comme il inspire les discours récurrents sur « l'union des droites » répétés comme un mantra chez Dupont-Aignan, dans l'entourage de Marine Le Pen et de Marion Maréchal, dans les sphères catho-identitaires et chez quelques anciens élus LR en rupture de ban.

Pour le pouvoir macroniste, c'est du pain bénit : en excluant les patriotes qui votent à gauche, il empêche la coalition populaire majoritaire qui, comme cela fut démontré en 2005 dans les urnes, est seule à même de faire basculer les majorités idéologiques. En évacuant la question centrale de la souveraineté, c'est-à-dire la question de savoir qui exerce le pouvoir, ce courant de pensée se condamne à des slogans inopérants, souvent puisés dans le registre identitaire, et ne représente aucune menace sérieuse pour les gouvernements en place. Quant à la question sociale, celle de la répartition des richesses et du contrôle des grandes infrastructures, elle est jugée secondaire et même incompatible avec la volonté de rassembler les électeurs des Républicains, souvent âgés et plutôt aisés, donc peu enclins à remettre en cause l'ordre économique établi. La conséquence est un discours économique qui tend à renouer avec le libéralisme du FN des années Reagan-Le Pen.

C'est durant la campagne présidentielle de 2017 que Marine Le Pen a définitivement cédé à ce courant d'union des droites, quoi qu'elle puisse encore aujourd'hui en dire publiquement.

Cela s'explique par ces influences extérieures, nous l'avons vu. Cela s'explique aussi par des choix faits par Marine Le Pen elle-même à partir de l'année 2015.

La seconde partie de l'année 2015 est en effet une période que je qualifierais de bizarre. À l'époque, je voyais les choses se faire sans en saisir la véritable origine ni toute la logique. C'est en effet durant les mois d'automne et d'hiver 2015 que des personnalités plus radicales, plus anciennes, font leur grand retour au Front national : Marie-Caroline, la sœur aînée, et Philippe Olivier, son mari. Mais aussi le vieil ami des soirées en boîte et des années « Génération Le Pen », Jean-Lin Lacapelle, ou encore un compère de Louis Aliot, Nicolas Lesage, qui deviendra directeur de cabinet de la présidente du FN. C'est aussi à cette époque que, presque seul, je m'oppose à ce que l'identitaire Philippe Vardon soit admis au FN et à ce qu'il soit même immédiatement propulsé en position éligible pour les élections régionales en Paca, ou encore à ce qu'Axel Loustau, personnalité sulfureuse, soit investi pour les élections régionales en Ile-de-France. À ce sujet, j'ai souvenir d'une colère homérique de Marine Le Pen qui en hurlant m'avait traité d'« ingrat » le jour où j'avais voté contre son investiture.

Ces arrivées, ou ces retours, vont peser très lourd dans la balance, et coloreront largement en bleu identitaire la campagne présidentielle de 2017, dès le premier tour.

Bien sûr, ces personnalités étaient à mille lieues de mon combat gaulliste, de mon attachement à la justice sociale et à la sortie de l'Union européenne, absurdement considérée comme une « obsession gauchiste ». Je les voyais aussi très éloignées d'une approche parfaitement républicaine de l'immigration que j'ai toujours voulu développer au sein du FN. Il va sans dire enfin que l'élargissement de notre discours à de nouvelles thématiques comme la culture, l'école, la santé ou la protection animale, dynamique d'ouverture que j'ai portée à travers les collectifs que je mettais en place, n'était pas franchement leur tasse de thé...

Comment expliquer cette soudaine modification de l'entourage de Marine Le Pen à partir de la fin de l'année 2015 ? Je ne l'ai comprise qu'*a posteriori*, et même après la campagne présidentielle de 2017. Sur le coup, c'était pour moi un authentique mystère. On s'encombrait littéralement de gens dont la force de travail était souvent très limitée, dont l'idéologie n'était franchement pas « mariniste », et même carrément hostile pour certains, je pense à Philippe Olivier que Marine Le Pen s'était évertuée les années précédentes à tenir le plus loin possible d'elle... Lorsque j'ai fait la connaissance de Marine Le Pen en mai 2009, Philippe Olivier était en effet toujours dans les parages et participait encore aux réunions de travail. Ses obsessions étaient déjà les mêmes, et déjà je le jugeais particulièrement nuisible au développement d'un grand mouvement moderne, cohérent et rassembleur. Mais à l'époque, Marine Le Pen avait fait la même analyse que moi, et s'en était rapidement séparée. En tout cas pour quelques années…

La clé de ce mystère est l'éviction de Jean-Marie Le Pen, qui, après un marathon épuisant, fut actée politiquement le 20 août 2015.

Ce qui aurait dû être « ma » victoire fut en réalité le vrai début de mes problèmes et de ceux du FN.

Marine Le Pen a vécu comme un traumatisme bien plus profond que je ne l'avais alors imaginé la mise à l'écart de son père. Après tout, c'est vrai que, jusque-là, elle n'avait fait de la politique qu'avec lui et par lui. Sa détresse psychologique en ces mois de fin d'été 2015 est intense. On le comprendra plus tard.

Le départ forcé de son père ayant créé un tourment psychologique, peut-être aussi un vide affectif, elle sent le besoin vital de compenser, de prouver aussi que c'est toujours la famille qui tient la maison. Et c'est vers son clan, sa bande, mêlant comme toujours chez les Le Pen famille et anciens potes, qu'elle se tourne pour cela. Mis de côté depuis des années, voyant le succès grandissant du FN, les gens qui en faisaient partie grattaient bien souvent à la porte depuis des années et n'attendaient donc que cette main tendue de Marine Le Pen, leur « petite Marine ». Ils font leur grand retour aux manettes du parti, comme en 1940 !…

Dès les derniers jours de 2015, j'apprendrai par une indiscrétion de Sébastien Chenu, qui, au cours d'un déjeuner que nous partagions, n'avait pas su tenir sa langue, que la circonscription très prometteuse de Calais était déjà promise à Philippe Olivier. Quinze mois plus tard, en commission d'investiture, Marine Le Pen jouera la comédie, faisant semblant d'apprendre devant moi que son beau-frère la réclamait...

Dès le lendemain de son retour, qui était pour moi une arrivée puisque je ne l'avais jamais connu, Jean-Lin Lacapelle, immédiatement propulsé numéro 4 du FN, déclarait dans une interview au journal *Minute* (qui redevenait soudainement un titre « fréquentable »...) qu'il fallait en finir avec la sortie de l'euro. Le ton était donné...

Inéluctablement, dès lors, les choses évoluent et deviennent de plus en plus pénibles. À partir de ce moment, Marine Le Pen confie la plupart du temps à son beau-frère le soin de rédiger la première mouture de ses discours. Mon rôle change alors de nature et, par la force des choses, s'apparente à un véritable parcours du combattant : ruser pour réussir à obtenir le discours quand elle ne me l'envoie pas spontanément ou quand je sens qu'il y a une gêne à me l'envoyer, « constater les dégâts » et éviter le découragement, puis se mettre au travail pour tenter « d'injecter de la République » dans des textes aux tonalités identitaires, libérales, où se dissimulent parfois des références en pointillé à des épisodes nauséabonds de notre histoire. Les discours changent de mélodie, ils deviennent obsessionnels, très idéologiques, on y fustige Attali et les « nomades », Cohn-Bendit et l'esprit de « jouissance » de Mai 68. De plus en plus, la critique de l'Union européenne disparaît et les problématiques sociales avec. Après passage de mon Stabilo républicain, le résultat est forcément bancal : les journalistes les plus perspicaces voient bien que dans les discours de la candidate s'entremêlent deux visions différentes, non pas complémentaires mais souvent opposées, contradictoires.

Disons-le clairement : les mégrétistes revenus en force auprès de Marine Le Pen refont ce qu'ils connaissent le mieux, du Mégret. Et ce sont ces accents occidentalistes qui imprégneront la campagne présidentielle de 2017, de plus en plus centrée au fil des mois sur les questions identitaires et civilisationnelles.

J'avais le sentiment bien souvent pendant la campagne de retrouver l'ambiance du début de ma collaboration avec Marine Le Pen, quand elle recevait ses conseillers de l'époque dans son domicile au fond du jardin de la propriété familiale de Montretout, à Saint-Cloud. Nous étions à chaque fois à peu près une dizaine, entassés dans son salon autour d'une bouteille de rosé, et j'écoutais avec beaucoup de circonspection les tentatives de ces visiteurs du soir, et notamment de Philippe Olivier, déjà lui, de ramener Marine Le Pen aux vieux démons de l'extrême droite, de la détourner du positionnement ni droite ni gauche qu'elle voulait à l'époque impulser (la campagne interne contre Bruno Gollnisch allait bientôt commencer). Beaucoup de ces conseillers ont ensuite disparu, après qu'il eut fallu dépenser une énergie considérable pour dévoiler leur pensée véritable, leurs intentions très droitières et, *in fine*, le retard qu'ils faisaient prendre à l'ascension d'une véritable force politique souverainiste et républicaine.

Mais je ne suis pas Sisyphe, et j'ai senti à la fin de la campagne qu'il devenait vain de devoir sans cesse veiller à ce que l'extrême droite ne reprenne le pouvoir au sein du parti et n'enlève au projet présidentiel sa cohérence et son efficacité. Peu à peu, au gré de ces influences diverses et contradictoires, le message de la candidate perdait en clarté et devenait même quelque peu foutraque.

Le clou du spectacle sera le fameux plagiat de longues minutes d'un discours de François Fillon dans le discours du 1er mai de Marine Le Pen à Villepinte. Quand les médias découvrent le pot aux roses et le révèlent, je suis horrifié autant que je tombe des nues. Comment est-ce possible ? Médiatiquement je réagis rapidement pour tenter d'éteindre l'incendie et invente cette théorie du « clin d'œil » à l'électorat de Fillon, par un texto envoyé en guise de réponse à l'AFP puis transféré comme élément de langage de crise à la candidate et à nos cadres. Mais, en privé, je bous : Marine Le Pen est la risée des réseaux sociaux. Très vite, j'apprendrai que l'auteur de ces lignes est Paul-Marie Coûteaux, passé chez Fillon après avoir épuisé au cours de sa carrière très personnelle Philippe Séguin, Philippe de Villiers, Jean-Pierre Chevènement, Nicolas Dupont-Aignan et Marine Le Pen. Je découvrais donc stupéfait que le supposé auteur du discours de Villepinte, le beau-frère Philippe Olivier, avait sous-traité ! Et en plus à Coûteaux qui, coureur de médias devant l'Éternel, n'a pas manqué de se répandre immédiatement sur les chaînes infos pour se glorifier de son exploit… Mais ma plus grande surprise allait venir bientôt : en lui téléphonant pour m'indigner de cette affaire, je me rendis compte que Marine Le Pen était parfaitement au courant de l'utilisation de Coûteaux pour participer à la rédaction de ses discours ! À quoi jouait-elle ?

Le malaise est donc déjà bien présent pendant la campagne de 2017. Dans un jeu de cache-cache épuisant, mon rôle se résumait le plus souvent à « limiter les dégâts » en contrant les influences les plus radicales, en passant des coups de pinceau républicains sur des discours qui ne l'étaient pas, en me battant chaque jour pour que les salaires, les retraites, les services publics, les délocalisations, la santé, l'école ne passent pas à la trappe dans une campagne obsédée par l'islam et les migrants. Combien de fois ai-je dû ajouter « Vive la République ! » avant le traditionnel « Vive la France ! » à la fin des discours ? Je les entends encore, ces électeurs de plus en plus nombreux à nous dire : « On ne vous entend plus sur les petits salaires, les petites retraites ! » ; je les lis, ceux qui nous disent tourner casaque et opter pour le vote Mélenchon ; je les vois, ceux qui, les premiers, se lamentent d'un changement de pied de Marine Le Pen sur l'UE et l'euro. Cette impression fut confirmée après l'élection par l'étude du Cevipof : une part du vote populaire est partie vers La France insoumise.

J'ai, bien sûr, aussi des moments de bonheur et de fierté, comme l'organisation de la visite-surprise sur le site de Whirlpool près d'Amiens, quelques jours après le premier tour de la présidentielle. Succès rendu possible par le travail militant de longue haleine les semaines précédentes du jeune conseiller régional Éric Richermoz et de son équipe, présents chaque semaine sur le piquet de grève, à passer des heures à discuter avec les ouvriers en lutte, à partager leurs combats. J'ai d'ailleurs constaté avec joie que, dès ma démission du FN, Éric Richermoz et une bonne partie de son équipe quittaient eux aussi le parti et me rejoignaient dans l'aventure des Patriotes.

Le ver est donc dans le fruit dès la fin de l'année 2015. Et bien avant le débat de second tour, le fruit est déjà en voie de pourrissement.

Marine Le Pen est-elle uniquement sensible à des influences extérieures ? À vrai dire, je ne le pense pas, je crois même désormais qu'elle n'a jamais été très sûre de ses convictions.

Durant la fameuse séquence sur l'euro (l'écu, le franc...), le soir du débat, me revient subitement à l'esprit une scène qui s'était produite presque huit ans plus tôt jour pour jour, et qui à l'époque m'avait paru quasi anodine.

Nous sommes alors en mai 2009, je connais Marine Le Pen depuis quelques jours seulement. Le 7 juin auront lieu les élections européennes. L'enjeu est vital pour Marine Le Pen et le Front national : crédité de seulement 4 à 5 % des voix, le parti joue sa survie à travers l'élection ou non de députés européens. Finalement, après une bonne campagne, le mouvement entamera sa remontée en réunissant 6,3 % des suffrages et en envoyant à Strasbourg trois eurodéputés.

Nous sommes donc en mai 2009, au domicile de Marine Le Pen. Le soir même, Marine Le Pen représentera son parti dans un débat consacré aux élections européennes sur France 2. Nous venons de passer plusieurs heures, avec quelques personnes de son entourage d'alors, à préparer ce rendez-vous télévisuel important. La soirée commence, il va être l'heure de prendre la route pour les studios de la chaîne, le maquillage puis le direct. Marine Le Pen a quitté la salle à manger pour sa chambre, où elle finit de s'apprêter. Mais elle continue à nous parler depuis sa chambre, et subitement l'air inquiète demande : « Au fait, je dis quoi sur l'euro si on m'en parle ? » Surpris, je réponds du tac au tac : « Qu'on en sort bien sûr, sinon c'est incohérent ! » Elle acquiesce. Puis s'en va.

La position sur l'euro a donc été décidée entre deux portes, quelques dizaines de minutes avant un débat télévisé… L'interrogation naïve de Marine Le Pen montre qu'à ses yeux la fin de l'euro ne relève pas de l'évidence et que l'argumentaire de fond n'est pas maîtrisé. Que se serait-il passé si je lui avais répondu ce soir-là : « Oh, sur l'euro, tu sais, les Français n'y comprennent pas grand-chose, dis qu'on y restera mais qu'on l'aménagera, ça ne mange pas de pain ! » ? Probablement que dans le programme présidentiel de 2012, puis dans celui de 2017, Marine Le Pen aurait alors défendu à peu près l'inverse de ce qu'elle a dit pendant ces deux élections… Cette simple pensée me semble vertigineuse. Le crash de 2017 ne pouvait qu'avoir lieu.

Les fragilités doctrinales de Marine Le Pen, l'influence grandissante d'un entourage *old school* à partir de 2015, l'arrivée de visiteurs du soir très éloignés du marinisme des origines, la perte de sang-froid de certains après La Manif pour tous et la crise migratoire, leur incapacité à faire le lien entre immigration et UE, ont suffi à planter le décor : au moment de l'élection présidentielle de 2017, Marine Le Pen est prête au grand revirement sur l'Union européenne et tous les sujets connexes. Et, dès le soir du second tour, au moment où elle ne réunit que 33,9 % des voix, sa garde rapprochée attaque : la sortie de l'euro, la stratégie, le discours économique, la retraite à 60 ans, la défense des 35 heures, les nationalisations, le référendum sur le Frexit, la supposée timidité sur l'immigration, le refus de se dire « de droite »... Tout y passe. Je tire la sonnette d'alarme, j'explique pourquoi, si la souveraineté nationale, y compris monétaire, est fragilisée, l'intégralité du programme se disloque et tombe à terre. C'est le fameux moment où je réponds avec franchise aux *Grandes Gueules* de RMC que, oui, bien sûr, je quitterais le Front national si celui-ci abandonnait la sortie de l'euro.

J'alerte, mais Marine Le Pen ne bouge pas. Elle ne bouge pas davantage quand l'un de ses députés les plus éminents, Gilbert Collard, qualifie de « piège à cons » la dédiabolisation, qui pourtant est au cœur de l'ADN politique de Marine Le Pen et a incarné un motif de ralliement pour tant de personnes.

Ce que j'écris aujourd'hui, je l'ai dit, écrit, expliqué maintes et maintes fois en interne pendant les quatre mois et demi qui séparent le second tour de la présidentielle de mon départ du FN. J'ai participé à toutes les réunions de la « refondation », à la différence de beaucoup d'autres cadres. Et, de plus en plus, je sentais que je parlais dans le désert. Ce qui avait commencé à fragiliser Marine Le Pen et le FN allait non pas être abandonné, mais accentué !

Alors que le premier tour de 2017 aurait déjà dû alerter, ne représentant qu'une progression de trois points par rapport au premier tour de 2012 (élection que je connais bien, puisqu'en 2012, j'étais directeur stratégique de la campagne présidentielle).

Alors que le tir de barrage que nous avions subi au second tour des régionales de 2015 aurait dû faire réfléchir ! Qui croit sérieusement que c'est à cause de la sortie de l'euro qu'en décembre 2015, des millions de Français sont sortis de l'abstention pour nous empêcher au second tour de diriger la moindre région française ?... Ce que j'entendais sur le terrain, tout le monde l'entendait : crainte du racisme au moment où les identitaires faisaient leur grand retour au sein du FN, peur de la régression sociétale au moment où Marion Maréchal fustigeait le planning familial et l'avortement, suspicion d'incompétence. Ces problématiques n'ont jamais pu être abordées après le second tour de la présidentielle. Et lorsque certains, dont j'étais, osaient dire que nous avions aussi le devoir de nous interroger sur notre manière de présenter nos solutions sur l'immigration, les procès en sorcellerie se déchaînaient et les sanctions internes tombaient...

Je le crois profondément, ce qui a facilité un tel changement de pied au FN est un renoncement : le renoncement à la victoire, que j'ai senti chez Marine Le Pen dès l'après-second tour. Je la connais très bien. Je décèle le sens de chaque regard, de chaque moue du visage, même cachée derrière un sourire carnassier ou de circonstance. Elle avait compris : jamais elle n'accéderait à l'Élysée, jamais son parti, de plus en plus infréquentable d'après les plus récentes enquêtes d'opinion, ne parviendrait au pouvoir. Il fallait réduire la voilure et sauver les meubles, c'est-à-dire préserver une rente de situation, celle du discours et des slogans anti-immigration, celle qui assure quelques mandats, du financement public, et donc quelques contrats.

Dans ce schéma, je n'avais plus ma place. « Tu nous fatigues avec ton euro, ton Europe, ton de Gaulle, ton État stratège, ta dédiabolisation, ta République, laisse-nous parler d'immigration en paix, et seulement d'immigration, laisse-nous jouir de nos mandats comme tout le monde, comme les autres ! » : cette phrase, on ne me l'a jamais dite mais il m'a semblé tant de fois l'entendre ou la lire dans les yeux de mes interlocuteurs frontistes les dernières semaines où j'y étais…

Beaucoup me l'ont confirmé, faisaient la même analyse que moi à l'époque, me le disaient en privé, y compris parmi des élus importants du FN qui y sont encore.

Dans ce contexte, la création de l'association Les Patriotes mi-mai 2017 relevait-elle vraiment de la provocation ? Il faut dire la vérité. Je n'ai pas seulement lancé Les Patriotes pour participer à la refondation et au débat interne, même si je demeure persuadé que l'existence d'un *think tank* de réflexion accolé à un parti politique était une bonne idée. Je ne l'ai pas fait non plus en ayant à l'avance un plan machiavélique en tête : l'association allait se transformer en mouvement politique, et j'allais prendre le pouvoir sur le FN ou voler de mes propres ailes en ayant ma propre structure. Non, en mai 2017, je n'ai aucune idée de tout cela.

Lassé du pilonnage incessant dont j'étais la cible, intensifié à partir du second tour de l'élection présidentielle, inquiet de constater le long silence de Marine Le Pen sur des remises en cause pourtant très conséquentes de son programme, je décide le 15 mai 2017 de créer Les Patriotes, nom que détient mon directeur de cabinet Joffrey Bollée depuis deux ans. Je le fais d'abord pour forcer la présidente du FN à réagir, pour qu'elle sorte de sa torpeur postdébat. Je voulais voir si, comme je le craignais, elle avait décidé de renoncer au combat pour la souveraineté nationale au bénéfice de la stratégie électorale « d'union des droites ». J'espérais que son silence ne soit pas tactique, mais simplement dû à une déprime postélection.

Je fus confirmé dans mes craintes au-delà de toute attente : Marine Le Pen profita de la création des Patriotes pour définitivement choisir son camp, et celui-ci était le camp de mes adversaires en interne. En un sens, Les Patriotes première version, avant la transformation en un véritable mouvement politique le 29 septembre 2017, ont atteint leur but : obliger Marine Le Pen à tomber le masque.

Finalement, j'aurais pu partir dès le mois de mai 2017 et m'épargner quatre mois de déceptions et d'humiliations, car tout était d'ores et déjà décidé : le renoncement au dépassement du clivage gauche-droite, les reculades sur la sortie de l'UE et de l'euro, la mise en sourdine des thématiques sociales (que n'ai-je entendu dans les rangs des dirigeants du FN ce jour de septembre 2017 où j'ai manifesté contre la Loi Travail !), le retour au « bon gros rouge qui tache » comme on dit en interne, c'est-à-dire aux slogans faciles sur l'immigration et l'identité.

Pour la forme, Marine Le Pen conteste encore aujourd'hui ce virage. Mais soyons sérieux ! La politique ne consiste pas seulement à répondre aux questions que l'on vous pose : c'est aussi et avant tout choisir ses terrains de lutte, discriminer entre les combats ceux qui vous paraissent premiers et ceux qui vous semblent secondaires, c'est afficher un ordre de priorités. Écoutez les discours du Front national depuis un an, regardez les manifestations qu'il organise, lisez les communiqués de Marine Le Pen, ses tweets, soyez attentifs à ce qu'elle dit, répète, rabâche, et ce qu'elle ne dit pas, ou presque plus : partout, tout le temps, l'immigration, les migrants, l'identité, l'islam.

Regardez vers qui les mains sont tendues : Nicolas Dupont-Aignan, l'homme qui déchirait devant les caméras en 2012 un faux billet en euro et marquait son attachement à un discours républicain, et qui désormais qualifie le Frexit d'« aberration » et n'hésite pas à parler de « colonisation » et de « grand remplacement », théorie chère à l'extrême droite la plus radicale. Mais aussi Jean-Frédéric Poisson, incarnation d'un certain conservatisme sociétal, qui préférera toujours l'Union européenne au mariage pour tous. Chacun ses combats, mais il m'apparaît que l'ouvrier qui votait FN était davantage préoccupé par les délocalisations vers l'Europe de l'Est ou par la concurrence déloyale des travailleurs détachés que par l'union contractuelle de deux hommes ou deux femmes...

N'oublions pas dans ce tableau Thierry Mariani, l'ancien député LR qui a voté le traité de Lisbonne en 2008, avec qui le FN nouveau aimerait convoler en justes noces après avoir pourtant passé des années à dénoncer, à juste titre, « la trahison de Lisbonne ».

À partir du moment où Marine Le Pen changeait radicalement de cap et mettait de côté le combat pour l'indépendance nationale, dès l'instant où *in fine* elle préférait Jean-Marie Le Pen à Charles de Gaulle, mon moteur interne se cassait.

Et tout ce que je pouvais jusqu'ici tolérer au nom de la cause me devenait soudainement insupportable. C'est ce fameux « reste » que j'évoquais plus haut, et sur lequel nous devons nous arrêter un instant.

À de rares exceptions près, la direction du FN c'est l'univers de la paresse. Combien sont-ils là-bas à savoir concevoir un discours, écrire en urgence un communiqué de presse susceptible d'être repris par tous les journalistes, penser et rédiger des éléments de langage à destination des cadres qui se rendent sur les plateaux de télévision ? Combien sont-ils à prendre des initiatives quotidiennes, à faire l'effort permanent d'imaginer des choses nouvelles ? Bien peu. Par incompétence pour certains, arrivés là où ils sont par le fait du prince ou de la princesse. Mais aussi par accoutumance à l'oisiveté. Le journaliste d'un grand hebdomadaire écrivit un jour dans un article que les cadres dirigeants du FN, pour la plupart, ne seraient que secrétaires de circonscription dans les autres grands partis : ce n'est pas faux. Un parti politique qui connaît une période électorale propice peut vite devenir son pire ennemi, en incitant ceux qui vivent d'une rente de situation (contrat de permanent, d'assistant parlementaire, mandat électif…) à se reposer sur leurs lauriers. Or je suis persuadé qu'en politique, ne pas bouger, c'est reculer. Stagner, c'est perdre du terrain. La routine est l'ennemie des idées qui progressent.

J'ai souvenir d'innombrables moments où, dans l'intimité de son bureau à Nanterre, celui où nous décidions de tout, Marine Le Pen s'agaçait devant moi de la paresse de certains des membres de son équipe de direction. Je dois dire que je ne l'ai jamais vue aller plus loin que ces constats fâchés...

Éteindre les incendies était une autre des fonctions qui me revenaient généralement. Le Front national est traversé périodiquement par des scandales, des tempêtes médiatiques provoquées par des « dérapages ». Jean-Marie Le Pen est le spécialiste du genre, et sa petite-fille semble avoir hérité de ce talent très particulier.

Parfois, le fait générateur vient d'un cadre ou d'un élu bien moins connu, mais ses répercussions par effet de caisse de résonance médiatique peuvent être tout aussi importantes. On se souvient en particulier de la triste et célèbre comparaison qu'avait établie Anne-Sophie Leclercq, ancienne candidate FN aux législatives dans les Ardennes, entre Christiane Taubira et un singe : le scandale avait empli l'actualité pendant plusieurs jours. Une autre fois c'est le patron du FN dans le Doubs, Robert Sennerich, qui fut condamné en justice pour abus de faiblesse sur une très vieille dame: essayez ensuite de convaincre les personnes âgées...

Mais parfois le dérapage vient du chef en personne. J'ai un souvenir très précis du désormais célébrissime bal de Vienne quand, en pleine campagne présidentielle en 2012, Marine Le Pen était allée danser avec des personnalités bien peu recommandables de l'extrême droite autrichienne, accompagnée de Louis Aliot. Je me souviens de ces innombrables textos envoyés l'après-midi précédant le bal, dans lesquels je suppliais littéralement le couple frontiste de renoncer à ce tour de piste. En vain. J'avais appris le matin même l'existence et l'inscription de ce bal à l'agenda de ma candidate, celle dont j'étais pourtant le directeur de la campagne, et, le soir, je devais subir un début de polémique qui allait se déchaîner avec une rare violence contre Marine Le Pen pendant les semaines suivantes, et revenir périodiquement, à tel point que le bal de Vienne est encore aujourd'hui un argument utilisé pour diaboliser Marine Le Pen. Le sentiment de gâchis que j'éprouvais était immense mais il ne m'empêchait pas d'être loyal jusqu'au bout et de défendre énergiquement la candidate dans les médias.

Comme je le fis chaque fois que ce parti était traversé d'un spasme dérapant. Au risque de dégrader ma propre image, de l'assimiler bien malgré moi à toutes ces horreurs pour lesquelles infatigablement je devais trouver des éléments de réponse, quitte à aller seul au charbon. Car je constatais qu'à chaque polémique, comme par miracle, les téléphones de mes petits camarades, à quelques exceptions près, ne répondaient plus aux incessantes sollicitations médiatiques… Même chose quand Marion Maréchal partit en croisade contre le planning familial et l'avortement, en pleine campagne des élections régionales, ou lorsqu'elle sembla dénier à nos compatriotes musulmans la même qualité de français qu'à nos compatriotes catholiques. Ou quand Jean-Marie Le Pen sortit de son imagination féconde mais parfois fétide « Monseigneur Ebola ». Ou quand Jean-Lin Lacapelle, à peine revenu au FN, compara les électeurs à des parts de marché destinées à gober nos campagnes publicitaires. Ou quand Marine Le Pen, encore elle, fut incapable sur Europe 1 de condamner clairement la torture, à ma grande stupéfaction à l'époque. Ou quand Steeve Briois fit un doigt d'honneur des plus raffinés à un journaliste... Ou quand Bruno Gollnisch attaqua à coups de parapluie une caméra de Canal+. Ou quand Stéphane Ravier traita le général de Gaulle de « félon ». Ou quand Wallerand de Saint-Just estima qu'il n'était pas riche en gagnant 100 000 euros par an. Allez ensuite parler à la France des oubliés...

Et j'en oublie beaucoup.

J'étais là. À chaque fois. C'était mon devoir. Non pas pour ces gens et encore moins pour leurs propos. Mais pour la cause. Pour la France que je voulais sincèrement sauver, et Marine Le Pen aussi, pensais-je à l'époque. En tout cas en étais-je convaincu, et parce que nous n'avions pas d'autres outils que ce parti.

Je me suis sali avec tout ça. Mais si je ne le faisais pas, personne ne le faisait. Je sais que certains ont cru de bonne foi que je partageais ces idées nauséabondes alors qu'elles me répugnent au plus haut point, étant depuis toujours parfaitement républicain.

Se salir pour une cause qu'on met au-dessus de tout, passe encore. Mais quand la cause est trahie, votre seul devoir est d'arrêter ce jeu funeste.

Que dire, enfin, du rapport absolument anormal de ce parti au général de Gaulle ? Parfois cité dans les discours, parfois pris pour exemple d'indépendance, de courage, mais qu'il est interdit de célébrer... La simple évocation de son nom en réunion interne ou en réunion de campagne (j'ai tenté en vain en 2017 de convaincre Marine Le Pen de faire un crochet par Colombey-les-Deux-Églises pendant sa campagne) provoque un indicible malaise. Une gêne, un embarras.

Dès ma prise de responsabilité au sein du parti, je décidai de commémorer le souvenir du Général tous les 9 novembre, jour anniversaire de sa mort en 1970, en me rendant accompagné de quelques fidèles amis sur sa tombe à Colombey, petit village de Haute-Marne qu'il avait choisi avec son épouse pour y installer sa maison de campagne, la Boisserie. Marine Le Pen avait toléré ce déplacement annuel. Mais attention ! Je n'étais autorisé à y aller qu'en mon nom propre, et non comme vice-président du FN. Étrange schizophrénie qui en dit une autre, celle du parti sur les événements de 1940 et les débuts de la Ve République... À cela s'ajoutaient d'autres conditions : je ne devais utiliser aucun moyen du parti, ni voiture, ni même service de presse pour avertir les journalistes. La première année, en novembre 2012, le nouveau directeur du Front national de la jeunesse (FNJ) Gaëtan Dussausaye avait eu l'idée de suivre ses convictions de l'époque et de se joindre à ma délégation gaulliste. Le pauvre s'en mordit longtemps les doigts : il fut fissa convoqué dans le bureau de la patronne et eut à subir une monumentale engueulade. J'eus droit moi aussi à des remontrances appuyées le jour où, par excès de franchise plus que par malice, je déclarais sur le plateau du *Talk* du *Figaro* que oui, à mon sens, on pouvait qualifier le FN à l'époque de « parti gaulliste ». Dès ces mots sacrilèges prononcés, Marine Le Pen fut immédiatement bombardée de textos, notamment en provenance de Perpignan... Et me téléphona sur-le-champ pour me reprocher cette dérive sémantique condamnable...

Une relation aussi pathologique au plus grand homme d'État français du XXe siècle interpelle. Les sondages le montrent pourtant : même dans l'électorat frontiste, Charles de Gaulle est considéré, et de loin, comme le meilleur président de la Ve République. C'est en réalité l'ADN véritable du parti qui s'exprimait dans ces circonstances, et je conçois avec le recul que je n'ai pas suffisamment pris en compte, au moment où j'y travaillais, l'histoire du parti et son poids permanent dans sa vie contemporaine.

Je n'ai pour autant jamais cédé à ces pressions antigaullistes implicites ou explicites. Pour moi qui ai vu le jour à quelques kilomètres de la ville de naissance de l'homme du 18 juin, de Gaulle a toujours été une référence. La référence. L'inspiration dans les moments difficiles du combat politique. Un exemple de patriotisme, de sens de l'État, d'exigence vis-à-vis de soi et de son pays. La définition de l'abnégation. Un modèle de droiture et de courage. Une lueur d'espérance quand la nuit est noire. Et Dieu sait que la nuit qui s'abat actuellement sur la France est noire. De Gaulle, ce sont aussi ces images d'enfance, pittoresques, que ma mère et mon père expliquaient au jeune garçon du Nord que j'étais : sa maison natale, maintenant transformée en musée, rue Comtesse dans le Vieux-Lille ; son épouse, tante Yvonne, venue de Calais tout proche ; la pâtisserie *Meert*, rue Esquermoise à Lille près de la Grand'Place, où le général avait ses gaufres favorites. Les lectures, les récits, la légende de celui qui éclaire mon chemin depuis les premières années de ma conscience politique. Avant le FN, pendant, après. Pour toujours.

Oui, bien sûr, moi non plus je n'ai pas été irréprochable pendant ce séjour au Front national. J'ai fait des erreurs. Manqué sûrement parfois de diplomatie par passion de mes idées et envie d'aller vite. Donc blessé inutilement des gens. J'en suis conscient et, si c'est arrivé, je le regrette sincèrement. J'ai aussi rencontré des personnes formidables dans les quelques centaines de réunions publiques que j'ai animées partout en France pendant ces années.

Je ne nie rien de tout cela. Mais mon but ici n'est pas d'écrire un livre sur mon passage au Front national. Je n'ai pas tout raconté, je ne cherche à enfoncer personne car j'ai dans ma besace beaucoup d'anecdotes qui me permettraient de le faire assez aisément. Je veux simplement expliquer pourquoi j'ai aujourd'hui démarré une nouvelle aventure politique. Les raisons de ce choix, qui ne puisent leurs racines ni dans la trahison, ni dans la rancune. Je raconte un parcours de vie et sélectionne dans ma mémoire les moments qui éclairent le choix du départ et du renouveau.

J'ai donc fait le choix de quitter le Front national. J'aurais pu m'accrocher et y rester. Mais au prix de mes convictions, car ce sont bien elles qui ont été jetées du Front national après la présidentielle et qui déjà, les mois précédents, gênaient de plus en plus.

Je pouvais rester et même espérer raisonnablement une investiture en position éligible aux élections européennes de 2019 mais en mettant en sourdine mes convictions souverainistes, gaullistes, sociales. Au prix de la raison d'être de mon engagement en politique. Au prix aussi d'un mensonge assumé : promettre la lune, y compris en matière d'immigration, tout en sachant pertinemment qu'on ne se donne plus les moyens d'atteindre l'objectif, par renoncement à l'indépendance nationale. Au prix de collaborer quotidiennement avec des gens revenus en force à partir de la fin de l'année 2015 et avec qui je ne partage rien, ou si peu et si mal.

J'ai décidé de rester fidèle à mes convictions, de ne pas les dissocier de mon parcours politique et électif. De refuser la politique alimentaire. Les Patriotes sont la concrétisation de ce choix, de cette exigence de sincérité et de vérité.

Rebâtir la démocratie !

Nous ne sommes plus en démocratie, c'est la première vérité qu'un responsable politique sincère doit aux Français, et notre appartenance à l'UE est la cause essentielle de ce dépérissement.

À Londres en 1942, Charles de Gaulle disait : « La démocratie se confond exactement, pour moi, avec la souveraineté nationale. La démocratie, c'est le gouvernement du peuple par le peuple, et la souveraineté nationale, c'est le peuple exerçant sa souveraineté sans entrave. » Quelle meilleure définition pourrait-on donner de la démocratie, et de la souveraineté en même temps ?

Pourtant, cette double définition sonne peut-être étrangement aux oreilles de nombreux Français aujourd'hui, autant qu'elle devait paraître banale et aimable à nos concitoyens quand notre pays s'administrait encore par lui-même et pour lui-même.

Dans son article 2, notre Constitution reprend mot pour mot la définition que donnait Abraham Lincoln de la démocratie quand elle dit que le principe de notre République est le suivant : « gouvernement du peuple, par le peuple, et pour le peuple ». Peut-on dire aujourd'hui que le peuple gouverne par lui-même dans notre pays quand des pans entiers et nombreux de notre souveraineté sont réservés à des personnes non élues, qui décident à Bruxelles en toute étanchéité avec le peuple et ses représentants légitimes, qui plus est sous l'influence de lobbies ultra-actifs et malheureusement efficaces ? Je ne parlerai pas ici du fait que le gouvernement ne s'effectue manifestement plus non plus pour le peuple, l'accroissement sidérant des inégalités prouvant que le gouvernement se fait au profit d'une infime fraction de la population, la plus privilégiée et fortunée, et même pour de très riches étrangers.

Je retiens de ces définitions que la souveraineté ne se négocie pas quand on parle de démocratie. Elle doit même, nous précise de Gaulle, s'exercer « sans entrave ». Il apparaît en effet absurde de vouloir d'une quelconque manière découper cette souveraineté et considérer qu'on pourrait en céder tel petit bout en en conservant tel autre. De même qu'il est parfaitement déraisonnable de faire croire aux Français que la souveraineté pourrait se reconquérir par étapes successives, comme on fait ses courses au supermarché. Que vaut notre souveraineté aux frontières quand le fait d'appartenir à la zone euro nous met à la merci des sanctions politiques que le couple Allemagne-Banque centrale européenne (BCE) pourrait nous infliger ? Et que ferait-on d'une souveraineté monétaire si l'on ne pouvait décider de son budget ?

Non, de même que la République est indivisible, la souveraineté est indivisible. Et pour qui voudrait retrouver la démocratie, elle doit être reconquise entière.

Quand, à chaque commémoration, le 11 novembre, le 8 mai, ou à d'autres occasions encore, le sacrifice des morts pour la France nous saisit et nous rappelle l'immensité du combat français pour la liberté à travers les siècles, le courage inouï de nos aïeux pour la sauvegarde de la nation, de son territoire, de son gouvernement, nous devrions tirer les conséquences qui s'imposent à toute âme un peu haute et fière de la civilisation française : il est indigne d'avoir laissé confisquer la souveraineté de la France.

Retrouver par le Frexit la liberté de la France, c'est le premier combat pour restaurer la démocratie. Et s'il n'est pas de liberté sans souveraineté, il n'est pas non plus d'égalité sans souveraineté. Car, quand le pouvoir est accaparé au bénéfice de quelques-uns, alors les citoyens ne sont plus traités de la même manière, et c'est un tout petit bout de la population qui en profite, autant que les actionnaires des multinationales sur toute la planète.

Et enfin, quelle fraternité sans souveraineté ? Il faut savoir qui sont nos concitoyens, savoir sur quelle solidarité nationale on peut reposer pour penser la fraternité entre les Français. L'abaissement permanent de la France dans les discours publics nous empêche de penser la grandeur française, la fierté qu'il y a à être tous ensemble français. En cela, nous sommes contraints de moins éprouver que ne le faisaient nos aïeux le sentiment de faire peuple, et donc de pouvoir ressentir cette solidarité naturelle et d'être les uns envers les autres fraternels. La souveraineté qui s'affaiblit, c'est aussi l'égoïsme qui triomphe.

Finalement, c'est, au-delà de la démocratie, toute la devise républicaine « Liberté, égalité, fraternité » que la souveraineté embrasse.

Rappelons-nous cette juste analyse de Philippe Séguin : « L'Europe qu'on nous propose n'est ni libre, ni juste, ni efficace. Elle enterre la conception de la souveraineté nationale et les grands principes issus de la Révolution : 1992 est littéralement l'anti-1789. »

La démocratie ne sera pas simplement rétablie dans sa totalité quand nous nous serons défaits des liens de Bruxelles. Il y a bien d'autres réformes, internes, à conduire pour parvenir à une véritable démocratie. Il faut en premier lieu un référendum d'initiative populaire qui soit digne de ce nom. N'ayons pas peur du référendum ! Respectons le choix des Français quand ils s'expriment, et ne procédons pas en sens inverse, comme on le fit en 2008 par le traité de Lisbonne, copie conforme de la constitution européenne pourtant massivement rejetée par les Français en 2005 lors d'un référendum passionnant ! Le référendum est un outil très respectable, auquel le recours doit être fréquent, et dont le peuple comprend toujours très bien la question qui est posée, contrairement à ce qu'on ose dire de lui dans le seul but de discréditer la démocratie directe. Et, si nous n'avons aucune pudeur vis-à-vis du référendum, nous pensons aussi que le peuple peut décider lui-même des sujets à mettre à l'ordre du jour : c'est la fameuse « initiative populaire ». Si le peuple trouve suffisamment de soutien en lui-même pour pousser à l'organisation d'une consultation nationale sur tel sujet de société ou sur telle problématique plus politique, eh bien, qu'il puisse être soutenu dans sa démarche !

La démocratie, ce sera aussi un fonctionnement parlementaire d'autant plus important qu'il sera de nouveau souverain et donc décisionnaire. À cette fin, il faut donner dans la Constitution toutes les garanties pour que le législateur soit en même temps efficace, représentatif et apte à contrôler sérieusement l'exécutif. De là découle la nécessité forte de la proportionnelle intégrale aux élections législatives (rationalisée par une prime majoritaire à la liste arrivée en tête), et s'impose comme une évidence la suppression du Sénat : l'Assemblée nationale à elle seule suffit pour remplir toutes les fonctions énoncées, d'autant plus si son rôle est puissamment revalorisé. Une Assemblée forte, en juste contrepoint à un exécutif par nature doté de pouvoirs importants, c'est une démocratie forte.

La démocratie, c'est encore mille et une formules à inventer pour rapprocher sans cesse le citoyen de la décision publique. Cela concerne le monde associatif, la vie politique locale, celle des communes et des départements, etc. Mais la démocratie, j'y reviens, c'est d'abord et avant tout la souveraineté.

Et je parle bien de souveraineté nationale, pas européenne. Que veut dire ce concept macronien de « souveraineté européenne », évoqué dans le discours de la Sorbonne du chef de l'État à l'automne 2017, au Parlement européen, sous mon regard désapprobateur, en avril 2018, ou encore lors de la remise du prix Charlemagne en mai 2018 ? À chaque fois, le président de la République nous refait le coup de la « souveraineté européenne », au nom de laquelle toutes les folies européistes seraient chaque fois justifiées, et même encouragées : rendez-vous compte, il est logique de transférer encore plus de compétences à Bruxelles et indirectement à Berlin, puisque c'est le nouveau lieu de la souveraineté, de votre souveraineté. C'est là-bas que s'exerce désormais la démocratie ! Cette belle démocratie européenne que nous vivons chaque jour, avec cette Commission tatillonne, non élue, illégitime, et grossièrement donneuse de leçons, stérilisatrice de toute ambition nationale, véritable « étouffe-croissance », siège principal des influences scandaleuses des lobbies de tous genres, officine de toutes les combines contre les intérêts nationaux, et spécifiquement des intérêts français. La démocratie européenne s'exercerait aussi par le Parlement européen, ce soi-disant « souverain » européen, où l'on voulait faire élire des députés transnationaux, comme on met du maïs OGM dans les champs américains, mais où surtout, chaque jour, les intérêts privés sont tout-puissants et où les moindres décisions, le jour où elles sont prises, se perdent dans les limbes du technocratisme européen.

De toute façon, comment penser un instant sérieusement la « souveraineté européenne » quand de toute évidence il n'existe pas de peuple européen ? C'est impossible. Il n'y a pas de souveraineté sans un peuple pour l'exercer, à moins qu'on ne veuille avec ce concept sortir totalement du champ de la démocratie et considérer qu'elle puisse s'exercer par une petite oligarchie. Et il n'y a pas de peuple européen, parce qu'il n'y a tout simplement sur le continent aucune unité linguistique, malgré les tentatives de nous gaver au *globish*, et que l'Europe est riche d'autant de cultures qu'elle compte de pays. Il n'y a pas de médias paneuropéens, pas d'espace public commun de discussion. Il n'y a pas d'endroit pour mener un débat véritable, parce qu'informé, capable de s'organiser en incluant tout le monde et où tout le monde aurait la faculté de se comprendre ; il n'y a donc aucun espace pour une élaboration démocratique de la règle commune.

N'oublions pas non plus que, sans peuple et sans ce sentiment indispensable d'appartenance commune à une nation, il n'est pas de solidarité naturelle qui puisse s'exercer. Et il n'est donc aucun impôt ni aucun système de protection sociale solide, parce que toujours remis en cause, jamais légitime et accepté.

Je regrette donc infiniment que certains se permettent de travestir une si belle idée, celle de l'indépendance reconquise, celle de la souveraineté pleine et entière, enfin retrouvée, derrière ce hideux et fantasmatique concept de « souveraineté européenne ». La souveraineté est française.

La souveraineté, c'est le carburant essentiel à la démocratie, parce que cela veut dire aussi que nos droits, nos droits fondamentaux, sont garantis par nous-mêmes et qu'il n'est aucune autorité prétendument supérieure pour s'en préoccuper à notre place. Cela veut dire que tout notre ordre juridique, fondé sur ces principes fondamentaux, doit découler de nous-mêmes et ne pas nous être imposé par une autorité qui écoute des avis contraires à nos intérêts. Ce sont nos activités qu'il convient de guider par notre propre droit, la règle commune que nous avons érigée. Il est ainsi inadmissible que le droit national soit désormais inférieur au droit européen. C'est problématique du point de vue de notre liberté à décider pour nous-mêmes, bien sûr, mais aussi du point de vue du contenu de ces droits qu'on nous impose, et dès lors de notre vie quotidienne, tant il existe de pans de notre vie qui sont régulés par le droit. Or, depuis que la Cour de justice de l'Union européenne (CJUE) en a décidé ainsi, en 1964, c'est le droit communautaire, c'est-à-dire européen, qui prévaut sur le droit français, même constitutionnel de son point de vue. L'ordre juridique européen est ainsi au sommet de nos droits. Et la Cour de cassation en 1975, puis le Conseil d'État en 1989, ont capitulé. Ils se sont en effet inclinés, et le droit européen a ainsi désormais une emprise totale sur nos droits et nos vies. C'est du fait du droit européen que nous avons encore du glyphosate dans nos champs, alors que nous n'en voulons plus. C'est du fait du droit européen que nous sommes obligés d'employer des travailleurs détachés alors que nous n'en voulons plus. La liste des exemples pourrait être infiniment longue. Mais les Français doivent comprendre que leur vie est désormais cadrée par l'Union européenne et qu'ils ne décident plus eux-mêmes de ce qu'ils ont le droit ou pas de faire. Dans ce contexte, que valent encore les élections ? Il y a là une explication essentielle à l'abstention qui ne cesse de monter.

Je ne me résous pas à cette défaite en rase campagne de la démocratie, dont nombre se sont fait une raison, s'accommodant mollement, année après année, de la doxa européiste et de ses dogmes de plus en plus nombreux, et pourtant farfelus, comme désormais celui de la « souveraineté européenne ». Le peuple, et au sein de lui chaque citoyen, a le droit, et même me semble-t-il le devoir, eu égard aux sacrifices passés dont nous sommes les légataires, de reconquérir sa capacité à disposer pour lui-même.

Chacun aura compris que, selon moi, le Frexit est la première pierre à poser à cet édifice essentiel de la démocratie. Et tout le monde sera aussi persuadé qu'il n'y a pas en la matière de compromis possible. Le retour de la liberté face à l'Europe intégrée et antidémocratique devra être entier, sinon il ne sera pas. Chaque lien de dépendance conservé avec l'UE nous entravera entièrement. Tout compromis serait une compromission.

Il en est finalement de la souveraineté, cœur battant de la démocratie, comme de la République : toutes deux sont indivisibles. La souveraineté ne se partage pas, elle ne se reconquiert pas partie après partie, elle est un tout.

Et ils sont nombreux à vous mentir aujourd'hui en vous disant : on va aller reprendre quelques bouts de souveraineté à Bruxelles, petit à petit, parce qu'on va faire évoluer l'Europe, on va la changer. « Nous allons changer l'Europe », nous allons faire « une autre Europe ». Cette promesse est vieille comme l'Union européenne. Elle est le slogan de la totalité des partis du système à chaque élection européenne. Souvenons-nous des mensonges de la gauche et de la droite, à toutes les campagnes pour les élections européennes depuis 1979, sur cette « autre Europe » que nous n'avons pourtant jamais vu venir.

Raison essentielle de mon départ : même le FN s'est mis à ces mensonges de « l'autre Europe » et « la réforme de l'intérieur » !

L'Union européenne change pourtant, mais toujours dans le même sens, celui d'une fédéralisation renforcée, traité après traité, malgré le vote des peuples qui disent presque chaque fois non. De plus en plus, elle se coupe de la démocratie et des peuples. Elle ne revient jamais sur les « éléments » de souveraineté transférés. Le changement ne s'opère jamais dans un sens souverainiste. Pour une raison très simple : les gouvernements des grands pays européens, la plupart du temps convaincus d'une nécessaire poursuite de l'intégration européenne, sont capables d'imposer leurs vues à l'ensemble des vingt-huit (bientôt vingt-sept) membres, et donc de forcer un consensus, aidés en cela par les instances d'ores et déjà fédérales que sont la Commission européenne et la Banque centrale de Francfort. Rappelons que le consensus, c'est-à-dire l'unanimité de tous les États membres, est nécessaire pour commencer la procédure de changement des traités, en vertu de l'article 48 du Traité sur le fonctionnement de l'Union européenne (TFUE). Il n'y a jamais eu et il n'y aura évidemment jamais de consensus souverainiste. Car, à considérer que les gouvernements d'un ou deux pays soient vraiment engagés dans la lutte pour le retour de la souveraineté nationale, ils n'obtiendraient jamais le consensus tant les forces de perpétuation du système sont capables de résister dans la plupart des pays. Une prétendue capacité de M. Macron à changer l'Europe est de ce point de vue aussi impossible à espérer qu'un miracle, s'il s'agit de rendre l'Europe plus respectueuse des peuples, moins sensible aux lobbies ou moins antidémocratique. De même, il est tout à fait farfelu de prétendre qu'une majorité eurocritique au Parlement européen permettrait de changer la donne : d'abord parce que le Parlement européen ne décide quasiment rien, passant le plus clair de son temps à voter des résolutions incantatoires qui n'intéressent que lui, et parce que la Commission, qui a le monopole d'initiative des textes européens, continuerait de s'opposer à toute inclination souverainiste, main dans la main avec les gouvernements. Ensuite, parce que les soi-disant alliés au niveau européen ne sont d'accord sur rien s'agissant de l'avenir de l'Europe et qu'ils sont pour la plupart tellement peu courageux et droits dans leurs idées qu'ils finissent toujours par faire allégeance pour récupérer deux ou trois strapontins ministériels.

Cette « majorité eurosceptique » au Parlement européen est donc une vaste fumisterie, une arnaque électoraliste désormais portée par le Front national, Debout la France et La France insoumise, dans le but d'éviter le débat de fond : celui du Frexit. Français fâchés avec l'UE : ne tombez pas dans ce piège grossier ! L'inefficacité de tous les autres chemins que le Frexit semble évidente. S'il est encore un peu tôt pour apprécier la situation de l'Italie quelques mois seulement après l'arrivée au pouvoir de la coalition formée par le Mouvement 5 Étoiles et la Ligue, on peut constater que le choix fait jusqu'ici de rester dans l'UE, et donc dans Schengen et l'euro, amène déjà le nouveau gouvernement à revoir à la baisse ses objectifs : le ministre de l'Intérieur Salvini n'évoque plus l'expulsion pourtant promise de cinq cent mille clandestins, quelques bateaux remplis de migrants sont certes interdits de ports italiens (chacun se souvient de l'*Aquarius* détourné en juin à Valence en Espagne) mais beaucoup d'autres arrivent encore, les frontières nationales italiennes n'existent toujours pas et, en matière économique et sociale, les promesses de vaste relance et de fonte massive de la dette publique de l'ordre de 250 milliards d'euros *via* une négociation avec la BCE semblent déjà aux oubliettes. Il ne s'agit pas de nier le courage d'une coalition qui a su aller contre le conformisme du pseudo-clivage gauche-droite pour former un gouvernement original et majoritaire dans l'opinion. On se souvient d'ailleurs dans quelles conditions difficiles a eu lieu l'enfantement de ce gouvernement, le président de la République italien refusant d'abord la première version proposée au motif que le ministre de l'Économie était réputé hostile à la monnaie unique... Il faut aussi reconnaître à plusieurs individualités de ce nouveau pouvoir une évidente ténacité et une vraie envie de bien faire. Mais la vérité doit être écrite : même un pays aussi essentiel que l'Italie n'y arrivera pas, que ce soit sur le plan migratoire ou économique, s'il reste dans le piège bruxellois. Les mois qui viennent seront décisifs : ils montreront si le pouvoir préfère au final sortir de l'UE pour pouvoir tenir ses promesses, ou au contraire y rester et se condamner alors à la « tsiprasisation », en référence au Premier ministre grec Tsipras qui, au nom de l'UE et l'euro, a trahi en 2015 ses engagements électoraux et son peuple.

Il faut du courage en politique, et le courage impose de dire la vérité : une autre Union européenne est impossible, celle-ci est irréformable. Il faut la quitter, et provoquer sa dissolution *de facto*, pour pouvoir bâtir un autre avenir.

Ce fameux horizon, on se prend parfois à y rêver quand on envisage les défis que le monde va connaître dans les décennies qui viennent : nouvelles formes d'énergie, intelligence artificielle, agriculture verte, exploration spatiale, biotechnologies, etc. Il existe tant et tant de domaines dans lesquels il serait intelligent de coopérer, d'agir concrètement, en cessant de poursuivre cet objectif absurde et inatteignable qui consiste à vouloir créer une fédération européenne. Lancer des projets de recherche en partenariat avec plusieurs pays, financer un projet industriel d'ampleur avec un autre, créer des réseaux universitaires et entrepreneuriaux entre différents États : l'Europe serait beaucoup plus utile si elle consistait en cette foison de projets collaboratifs que des nations pourraient librement prévoir entre elles. C'est aussi par ce type de coopération intelligente que nous serons en mesure de mieux lutter contre l'influence grandissante des GAFAM sur nos vies, et de mieux les réguler, alors qu'aujourd'hui les États européens se laissent totalement déborder par cette emprise numérique américaine.

Et, à l'heure où les distances s'évaporent, pourquoi faudrait-il absolument coopérer uniquement avec les pays qui nous entourent géographiquement comme si nous étions toujours dans les années 1950, quand le traité de Rome qui a créé l'Europe de Bruxelles a été signé ? C'est même une stratégie qui paraît assez fragile : l'Europe est un continent vieillissant, à la démographie fragile, et dont le poids économique décline. Pourquoi ne pas coopérer avec d'autres pays dans le monde ? La France ayant toujours eu cette vocation à dialoguer avec la planète entière, à être présente sur les cinq continents, à être représentée dans tous les océans, ne serait-il pas temps pour elle de renouer avec ce qu'elle n'aurait jamais dû abandonner et qu'elle aurait toujours dû porter, à savoir la coopération au niveau planétaire ? Les progrès fulgurants des transports et des télécommunications permettent de tisser des projets avec le monde entier, en particulier avec ces pays qui bordent les territoires français ultra-marins, des pays souvent plus dynamiques et plus jeunes qu'un continent européen fatigué.

Un autre avenir, une autre façon d'appréhender le continent et le monde sont possibles, mais après le Frexit et l'indépendance recouvrée. Le monde qui vient laissera à la France la liberté qu'elle a toujours eue de s'adresser au monde entier, et de voir ses intérêts partout où ils sont sur la planète. Le Brésil est le pays avec lequel nous comptons la plus longue frontière terrestre, en Guyane. Pourquoi cette grande puissante émergente ne serait-elle pas aussi un partenaire légitime avec lequel la France pourrait collaborer dans maints domaines ? Cessons de voir petit pour la France et décidons de lui redonner tous les moyens de sa grandeur, de sa prospérité, de son message de paix.

« Contre le chômage on a tout essayé… » sauf le Frexit !

Décembre 2017. Je suis interpellé *via* Facebook par un employé de *Castorama* : avec ses collègues du groupe *Kingfisher*, il participe à la mobilisation contre la délocalisation en Pologne de 750 emplois. Il me demande quelles sont mes solutions. Nous engageons un dialogue, j'évoque quelques pistes et je lui réponds notamment qu'il n'est pas possible de parler des délocalisations sans poser la question de l'Union européenne. Aujourd'hui, selon l'Insee, 55 % des délocalisations se font vers un autre pays de l'UE. Que veut dire la formule magique « l'Europe qui protège » alors que la réalité montre plutôt que c'est désormais de l'Europe qu'il faut se protéger ?

Je n'ai pas voulu faire une réponse superficielle à ce salarié en ne proposant que quelques rustines enrobées dans des mots creux. Je laisse cela à M. Ruffin, député de La France insoumise. Il est expert en slogans ; je préfère le concret. Nous avons le devoir d'aller au fond du sujet, à la racine du problème, pour remettre la France sur les rails du progrès économique, de l'emploi, des salaires décents et des retraites dignes.

L'impact de l'Union européenne sur notre économie est en effet considérable. À travers l'Union économique et monétaire (UEM), elle en pose le cadre. C'est le marché intérieur, dont les règles s'imposent à tous les pays de l'UE, ainsi que la monnaie unique, l'euro, avec ses règles spécifiques s'appliquant aux dix-neuf pays formant la zone euro. Ce marché et cette monnaie ont leurs règles, leurs obligations et leurs interdits.

Le libre-échange, principe suprême de l'Union européenne, est au cœur de son ADN. Toutes les politiques mises en œuvre par l'UE visent à le renforcer et à l'étendre. Chacun peut s'en rendre compte lorsque de nouveaux traités commerciaux entre l'UE et le reste du monde sont négociés (CETA, TAFTA, Mercosur, etc.). Depuis l'Acte unique de 1986, l'Union européenne consacre ainsi quatre piliers fondamentaux autour desquels s'organise sa politique ; ce sont les « Quatre Libertés », qui n'en forment en réalité qu'une seule : la libre circulation, déclinée pour les biens, les personnes, les capitaux et les services. Depuis cette date, des dizaines de directives ont été adoptées pour faire tomber un à un tous les obstacles au commerce (ou perçus comme tels), à commencer par les frontières qui avaient le double inconvénient d'être à la fois économiques et migratoires. Ainsi ont-elles disparu et, avec elles, matériellement, nos postes de douane.

Le démantèlement de nos services publics, leur ouverture à la concurrence et les privatisations répondent aussi à ces principes directeurs qui incluaient, dès l'origine, l'ouverture des marchés publics. En conséquence, le patriotisme économique, c'est-à-dire le fait de favoriser une entreprise en fonction de sa nationalité, fut frappé d'interdit. Autre exemple, c'est au nom de la liberté de circulation des services que la fameuse et si controversée directive européenne sur les travailleurs détachés fut adoptée. J'y reviendrai un peu plus loin.

Bref, l'Union européenne organise les règles de notre marché, gère nos rapports commerciaux avec le reste du monde et conduit notre politique monétaire et bancaire ; elle tient donc les rênes de notre économie. Jamais nos gouvernants, lorsqu'ils nous ont soumis leurs projets institutionnels pour l'Europe, que ce soit lors de Maastricht ou au moment de l'adoption du traité de Lisbonne (celui en vigueur aujourd'hui), copie quasi conforme de la constitution européenne rejetée par référendum en 2005, ne nous ont présenté les choses ainsi : c'est-à-dire une mise sous tutelle de la France.

Or le problème n'est pas seulement que l'Union européenne exerce à notre place des compétences absolument essentielles si l'on veut pouvoir mener une politique économique globale, c'est également que ses décisions obéissent à des principes qui eux-mêmes sont intangibles, inscrits dans le marbre des traités, et qui ne laissent donc pas le choix d'une autre politique. Il n'y a pas d'alternative au libre-échange et à la disparition des frontières qui déterminent tout le reste. Au deuxième alinéa de l'article 3 du Traité sur l'Union européenne (TUE), l'UE se définit elle-même comme « un espace de liberté sans frontières intérieures ». C'est joli mais ça ne souffre surtout aucune interprétation. Ceux qui promettent de rétablir durablement les frontières nationales sans sortir de l'UE mentent.

Officiellement, les traités européens disposent également (troisième alinéa du même article 3) que l'Union « œuvre [...] pour une économie sociale de marché hautement compétitive qui tend au plein emploi et au progrès social ». On mesure l'étendue de l'échec de cette disposition au regard de la situation de la France. Un pur vœu pieux... Cependant, les européistes ont toujours la parade. Ils vous répondront en effet qu'il ne faut pas regarder la situation de la France mais celle de l'Europe dans sa globalité. Un pli que le système prend de plus en plus souvent en médiatisant, à chaque publication, les chiffres de la zone euro, tout en prenant soin de masquer les disparités énormes entre les États. Par la magie d'un angle de vue statistique et d'un mot, « l'Europe », les Français sont invités à se réjouir des performances de l'économie allemande ou de celles que les pays de l'Est réalisent à leurs dépens...

Pour tenter d'équilibrer des économies très différentes les unes des autres, l'Union européenne a édicté au moment de Maastricht, au tout début des années 1990, un certain nombre de critères dits de « convergence » (stabilité des prix, équilibre des finances publiques, taux de change et taux d'intérêt à long terme) qui allaient progressivement se révéler la clé de la domination germano-bruxelloise sur les États et particulièrement sur la France.

Initialement, ces critères devaient préparer le passage à l'euro. Cela donna en particulier la politique du franc fort (alignement des taux de change du franc sur le mark allemand) pendant les années 1990 qui coûta à la France rien moins qu'un million d'emplois, ce que l'ensemble des économistes admettent aujourd'hui mais que beaucoup niaient à l'époque. Ces critères ont depuis été resserrés, notamment avec le Traité budgétaire de 2012, qui renforce les pouvoirs indirects de la Commission européenne sur les rares politiques encore du domaine de compétence des États : les politiques budgétaires, sociales et fiscales. Ces pouvoirs que je qualifie d'« indirects » s'exercent principalement à travers les Grandes orientations de politique économique (GOPE), qui sont des recommandations émises par la Commission européenne, officiellement non obligatoires mais que celle-ci sait rendre contraignantes en négociant directement leur mise en œuvre avec les gouvernements. C'est ainsi qu'en contrepartie d'un report des sanctions prévues dans le cadre des procédures contre son déficit excessif, la France s'est vue intimer l'ordre de lancer un certain nombre de « réformes » d'inspiration très libérale (comme les lois El Khomri, Macron et Pénicaud). En réalité, derrière chaque « réforme » mise en place par les gouvernements se cache quasi systématiquement une recommandation européenne. Même la réforme territoriale sous François Hollande qui a créé les méga-régions par fusions, sous de faux prétextes d'économies et de simplification administrative, visait en vérité à mettre sur pied des Länder français dans le cadre des politiques européennes d'harmonisation. Les GOPE ont un effet tous azimuts.

Maintenant que nous avons décrit dans les grandes lignes les implications de l'Union européenne sur notre économie (*via* une construction diaboliquement complexe dont les fondations ont été posées il y a plus de trente ans et qui n'est pas encore achevée), il sera beaucoup plus aisé de comprendre la signification des propos du président François Mitterrand qui inspirent le titre de ce chapitre : « Contre le chômage, on a tout essayé »...

Ces mots ont été prononcés en 1993. À cette époque, la France n'avait pas encore l'euro mais subissait de plein fouet, nous l'avons vu, la politique du franc fort. Ainsi, lorsque le président Mitterrand explique dépité que « contre le chômage on a tout essayé... », il faut y ajouter le non-dit : « ... dans le cadre des limites et contraintes de l'Union européenne et de la monnaie unique ». En effet, les leviers qui restent au gouvernement français pour agir sur l'économie, à savoir officiellement la politique sociale et la politique fiscale, ne pèsent pas assez et ne sont de toute façon plus libres d'utilisation. Avant, lorsque la compétitivité française décrochait par rapport à l'économie allemande on procédait à une dévaluation monétaire. Prise isolément, cette mesure pouvait ne pas être suffisante mais elle était cependant indispensable dans le cadre d'une politique plus large. Pourquoi s'est-on privé de cette possibilité avec la monnaie unique ? Au nom de quels idéaux ? C'est l'objet d'un autre chapitre.

Pour l'heure, il nous faut constater que le Frexit redonnerait à la France une multitude d'outils précieux, et pas simplement monétaires, pour rétablir les conditions d'une économie dynamique et créatrice d'emplois, donc pour faire baisser le chômage.

Commençons par la monnaie, qui induit une autre politique : la politique bancaire. En effet, le Frexit ce n'est pas seulement retrouver une monnaie nationale adaptée à notre économie, c'est également maîtriser notre système bancaire. Or l'Union européenne, *via* la Banque centrale européenne, a largement contribué à financiariser notre économie, c'est-à-dire à éloigner les banques de l'économie réelle au profit des marchés financiers, spéculatifs et virtuels. Même si cette financiarisation de l'économie est un phénomène mondial impulsé par les États-Unis, l'Union européenne y participe activement, tant elle y adhère par idéologie d'une part, et par l'intérêt des puissances d'argent d'autre part. Les banques centrales, pourtant, disposent de leviers d'action pour limiter ce phénomène, par exemple en agissant sur le coefficient de réserve obligatoire des banques, selon qu'elles prêtent aux marchés financiers ou à l'économie réelle.

Les conséquences de la financiarisation de l'économie, nous les vivons tous les jours. Lorsque des entrepreneurs, artisans, commerçants ou simples particuliers ont toutes les peines du monde à emprunter auprès des banques alors que les marchés boursiers, eux, se gavent littéralement de liquidités, cela en est l'une des expressions. Retrouver notre pleine et entière souveraineté monétaire et bancaire par le Frexit permettrait de corriger ces effets pervers en facilitant l'accès des acteurs de l'économie réelle au crédit et en les détachant des risques liés aux bulles spéculatives. De même, elle permettrait à la France de procéder, modérément, à une politique de création monétaire (la fameuse « planche à billets » comme diront ceux qui veulent dénoncer cette politique, mais une « planche à billets » au service des entreprises et des citoyens et pas des marchés financiers, comme c'est le cas aujourd'hui avec les célèbres *quantitative easing* [QE] de la BCE). Enfin, nous pourrions également consacrer une part raisonnable des dépôts de l'assurance-vie (environ 2 %) à abonder des fonds de capital-risque pour stimuler l'innovation, donc la croissance et l'emploi de demain.

En matière de commerce extérieur, une monnaie nationale améliorerait notre compétitivité de manière considérable, sans qu'il soit besoin de toucher aux salaires ou aux protections diverses des travailleurs. La balance commerciale de la France s'améliorerait rapidement et les conditions seraient enfin réunies pour réindustrialiser notre pays, en reconstituant partout où elle avait disparu une offre française.

C'est pour défendre l'euro que la propagande est la plus virulente, avec un discours qui surfe sur des peurs fabriquées de toutes pièces. La dévaluation nécessaire à notre commerce extérieur est ainsi accusée à tort de menacer l'épargne des gens. Or la dévaluation est un outil classique, utile, dont il ne faut pas abuser mais que les pays développés emploient régulièrement de façon pragmatique. Oui, la nouvelle monnaie nationale sera moins chère que l'euro, et non, cela n'aura aucun impact sur l'épargne des particuliers. En septembre 2017, la Banque nationale suisse est intervenue plusieurs fois pour faire baisser le cours du franc suisse par rapport à l'euro : avez-vous entendu parler d'un psychodrame en Suisse sur le niveau d'épargne de la population ?

Autre exemple de propagande : la dette publique de la France. Quand il était président de la République, Sarkozy évoquait un doublement, voire un triplement de la dette en cas de sortie de la monnaie unique. C'est un mensonge grossier. Lors du passage à une nouvelle monnaie nationale, la dette française sera libellée dans cette nouvelle devise, conformément aux règles monétaires internationales qui se sont toujours appliquées partout (c'est la *Lex Monetæ*). La relance que permettra cette monnaie sera la meilleure arme contre la dette.

Il faut cesser de prendre les Français pour des enfants sur le sujet de l'euro. Il faut au contraire aborder cette question de manière concrète, sérieuse et dépassionnée. En quinze ans, s'est créée au moins une chose : un consensus sur l'échec de la monnaie unique. Les idéologues en concluront qu'il faut ne rien faire ou aller encore plus loin dans l'erreur, les pragmatiques jugeront au contraire qu'il faut s'en défaire pour repartir de l'avant.

Reconstituer une offre française : le cœur de la bataille pour l'emploi est ici. C'est le fameux *Made in France*.

Ce qui est consternant dans la situation économique de la France aujourd'hui c'est que, même en cas de conjonctures favorables (euro « faible », cours du pétrole bas et taux d'intérêt bas), la croissance est un peu moins amorphe que d'habitude (toujours sous les 2 %), eh bien l'industrie française n'en profite pas ! Les importations gonflent, pas la production interne. Dans un sens, il ne serait pas faux d'affirmer que la croissance française nuit au commerce de la France. Ainsi, plus les Français consomment, plus notre balance commerciale s'en trouve dégradée : un constat rageant.

Pour profiter à plein des effets d'une monnaie nationale retrouvée, il faudra donc l'associer à une grande politique de réindustrialisation, sous l'action d'un État stratège visionnaire, c'est-à-dire capable de voir loin. Aujourd'hui, l'industrie ne représente plus que 12 % du PIB français, contre plus de 25 % au début des années 1980 ! Cet effondrement n'est pas le fait d'une fatalité mais de politiques économiques très concrètes, en grande partie imposées par l'Union européenne et parfaitement inadaptées à notre pays. Dans le même temps, l'Allemagne, qui a façonné une Europe à sa main, affiche une industrie redoutable représentant encore 30 % de son PIB. Preuve qu'il est tout à fait possible d'être un pays développé tout en demeurant une puissance industrielle. Mais il n'y a pas de secret : l'industrie allemande a simplement siphonné ses voisines et concurrentes directes (principalement la France et l'Italie) par la compétitivité très supérieure que lui confère l'euro (monnaie sous-évaluée pour son économie, et surévaluée pour les économies françaises et italiennes, comme l'analyse le FMI).

L'État stratège que nous voulons mettre en place, par définition, n'obéit pas aux lois du marché au-dessus desquelles il place l'intérêt national. Il permettra d'identifier avec les industriels, les chercheurs et les entrepreneurs les secteurs d'avenir, de les protéger et de les stimuler pour permettre l'émergence de filières françaises rentables et capables d'affronter la concurrence internationale. Les leviers d'action d'un État stratège sont multiples. En plus de tous ceux que nous avons évoqués plus haut, cela passera par des plans d'investissement public et privé (*via* des incitations fiscales par exemple), par des mesures de protection du marché, par la coordination de la recherche en lien avec les entreprises pour favoriser les synergies, etc.

On cite souvent l'exemple de la transition énergétique comme domaine où l'action d'un État stratège serait la bienvenue. Quelle énergie pour demain ? Comment reproduire pour les cinquante et cent prochaines années les conditions d'une énergie abondante, peu chère et peu polluante, comme l'a été pour nous le nucléaire au sortir du premier choc pétrolier, mais dont la dangerosité nous oblige aujourd'hui à penser d'autres solutions ? Or une telle politique, qui nécessiterait que l'État s'érige en grand ordonnateur du secteur de l'énergie (recherche, production, distribution), ne peut se mettre en place du fait des règles européennes. Le secteur de l'énergie est ouvert à la concurrence et les entreprises publiques ou privées qui en sont parties prenantes ne peuvent bénéficier d'une aide de l'État sans risquer de remettre en cause la sacro-sainte concurrence. D'autant que ce n'est pas d'une « aide de l'État » dont ce secteur aurait besoin mais d'une authentique politique publique, cohérente, globale, passant par un monopole public, capable d'investir massivement et de développer une offre industrielle française, au nom de notre indépendance nationale, car l'énergie est un secteur éminemment stratégique !

L'État stratège se définit donc très simplement comme la capacité de l'État à intervenir dans l'économie. C'est quelque chose de banal, que s'autorisent l'ensemble des pays du monde, à l'exception de ceux appartenant à l'Union européenne. Parmi ses possibilités, le protectionnisme ciblé et le patriotisme économique sont deux outils pour protéger et stimuler l'emploi.

Pas plus que la financiarisation de l'économie, la mondialisation sauvage n'est une fatalité. Il est possible de s'en protéger pour peu qu'on ne s'enferme pas dans des dogmes étriqués, le fameux et désespérant Tina, « *There is no alternative* ».

La concurrence internationale déloyale est un fléau que les Français n'ont aucune raison de subir. Mettre des droits de douane sur des produits fabriqués dans des conditions économiques, sociales et environnementales très inférieures aux nôtres serait un bienfait non seulement pour notre économie et nos finances publiques, mais également pour l'économie et les conditions de vie des pays « visés », qui seraient ainsi incités à améliorer leur manière de produire.

Les adeptes du libre-échange total, qui cherchent à terroriser les Français en brandissant de possibles mesures de « rétorsion », oublient que les acteurs économiques sont pour la plupart des agents rationnels. Et, parce que nous sommes rationnels, nos droits de douane, appliqués dans le cadre d'un protectionnisme raisonnable, ne viseraient que les pays avec lesquels le commerce serait fortement déséquilibré (c'est-à-dire avec lesquels notre balance commerciale est très déficitaire) pour des raisons sociales ou environnementales. Par définition, si ces pays veulent ensuite se lancer dans une surenchère protectionniste avec la France aboutissant à une rupture des relations commerciales (hypothèse la plus extrême), alors ils seront les seuls vrais perdants puisque ce sont eux qui s'enrichissent sur notre dos. Psychologiquement – et la psychologie compte en économie –, nous avons l'avantage.

L'Union européenne représente environ 60 % de nos échanges avec le reste du monde et pèse pour plus de la moitié de notre déficit commercial (44 milliards d'euros en 2017, sur un déficit global de 80 milliards, dont 17 milliards avec la seule Allemagne). L'autre zone difficile pour notre commerce international est l'Asie et spécialement la Chine (30 milliards d'euros de déficit commercial). Devant ce constat, il ne faut pas craindre de se protéger car c'est aujourd'hui même que nous perdons. Ces chiffres ne sont pas abstraits. Ces milliards d'euros qui partent chaque année dans les poches de nos concurrents, c'est de la richesse en moins pour la France et une part importante de notre chômage de masse.

Vis-à-vis de l'Europe, je l'ai déjà dit, il est raisonnable de penser qu'une nouvelle monnaie nationale rétablira les conditions d'un commerce juste et équitable avec nos principaux partenaires, même si nous ne devons pas nous interdire par principe des mesures de protection plus classiques, notamment dans les secteurs les plus sensibles, comme l'agriculture dont je n'admets pas qu'elle soit soumise aux règles d'un marché libre et ultra-concurrentiel comme s'il s'agissait d'un secteur comme les autres. Vis-à-vis de la Chine et du reste du monde, des tarifs douaniers ou des quotas d'importation pourront s'appliquer au cas par cas, selon les secteurs, et selon la capacité de la France à reconstituer plus ou moins rapidement des filières compétitives.

Nos marchés publics devront être encadrés pour profiter d'abord aux entreprises françaises. Je suis en effet un fervent partisan du patriotisme économique, aujourd'hui strictement interdit par l'Union européenne. Non seulement je ne suis pas choqué qu'un État veuille d'abord réserver ses marchés publics à ses entreprises nationales mais c'est l'inverse qui me choque. L'argent de l'État, c'est l'argent des Français. Qu'il serve prioritairement à l'économie française est normal et sain. Si même le produit de nos impôts sert à stimuler les productions étrangères plutôt que françaises, alors, c'est à désespérer. Or c'est ce qui se passe aujourd'hui. Désormais, la police et la gendarmerie françaises s'équipent par exemple en véhicules Ford et Volkswagen fabriqués à l'étranger. Certains n'y voient rien à redire, moi j'y vois un non-sens économique doublé d'un symbole très révélateur de notre renoncement à l'indépendance nationale. S'équiper en matériel français (quand celui-ci existe et qu'il est au niveau bien sûr) devrait être une obligation pour toutes les administrations, collectivités et entreprises publiques, tout comme manger français dans les cantines scolaires. Mais édicter une telle règle de bon sens suppose le Frexit.

Sortir de l'Union européenne permettra également de s'affranchir de la directive européenne sur le travail détaché qui a fait des ravages sur l'emploi dans de nombreux secteurs de notre économie, principalement dans le BTP, les transports routiers et l'agriculture. Les chiffres donnent le vertige. En 2017, avec 516 000 travailleurs détachés (donnée révélée en février 2018 par le journal *Le Monde* et qui ne tient pas compte des travailleurs illégaux), la France en a accueilli 163 000 supplémentaires par rapport à 2016, une augmentation de 46 % !

Le principe du travail détaché est terriblement vicieux. Il permet à un étranger de travailler en France tout en payant ses cotisations sociales dans son pays d'origine, entraînant naturellement une course au moins-disant social synonyme de moindre coût pour l'employeur. Permise par les principes de libre circulation des services et des personnes et décidée en 1996, la directive incite les employeurs à recruter des étrangers moins chers pour occuper des emplois pourtant non délocalisables mais limités dans le temps, typiquement sur des chantiers ou dans le cadre d'activités saisonnières. En outre, cette situation entraîne un manque à gagner important pour nos caisses sociales, de l'ordre de 2,5 à 3 milliards d'euros par an. De l'autre côté – effet ciseau redoutable –, des centaines de milliers de Français sans emploi sont maintenus au chômage, alors qu'ils pourraient occuper ces emplois, entraînant des dépenses sociales supplémentaires pour la collectivité.

Certains pays cristallisent malgré eux l'ensemble des maux liés à notre appartenance à l'Union européenne. C'est le cas par exemple de la Pologne. En la désignant, je ne cherche aucunement à la stigmatiser ou à exciter qui que ce soit contre elle – après tout, je suis très heureux pour les Polonais si leurs dirigeants ont été suffisamment habiles jusqu'à aujourd'hui pour exploiter à leur profit les règles de l'Union européenne –, mais les Français doivent réaliser comment la France, qui il y a peu était encore une puissance respectée et digne de ce nom, peut se faire triplement abuser par l'Union européenne, en oubliant de défendre ses intérêts, ou plutôt en y renonçant. Ainsi la Pologne, avec laquelle notre commerce est déficitaire de manière continue depuis 2009, bénéficie de plusieurs milliards d'euros par an d'argent français pour son budget (environ 2 milliards d'euros par an *via* les redistributions européennes), reçoit nos usines délocalisées dont elle nous expédie ensuite les produits (ou bien nous prend directement des parts de marché à l'export) et, pour terminer, nous envoie ses travailleurs détachés qui occupent des emplois pourtant créés sur le sol français. À un moment, il faut savoir dire stop. C'est aussi cela le sens du Frexit.

Aider un pays à se développer, c'est bien, l'armer économiquement pour qu'il nous prenne notre richesse, notre activité et nos emplois, cela relève du masochisme.

J'en profite d'ailleurs pour démasquer ici les responsables politiques qui passent leur journée à fustiger cette directive sur le travail détaché mais qui rejettent toute idée de sortie de l'UE : ils manipulent les électeurs et leur mentent sciemment ! L'UE n'est pas un supermarché dans lequel on choisit de retenir ou d'écarter en toute liberté les directives qui vous plaisent ou vous déplaisent comme on met des produits dans son caddie… On prend tout ou on s'en va. Je préfère m'en aller.

On peut reprocher beaucoup de choses à Donald Trump, notamment son style et ses méthodes, mais ses objectifs sur l'emploi américain sont louables. Plutôt que de s'en scandaliser et de prendre par réflexe le contre-pied de cette politique, nos dirigeants seraient bien plus avisés de profiter qu'un président des États-Unis, première économie du monde, ouvre une brèche protectionniste dans la mondialisation débridée, pour tendre vers un nouveau commerce international où la préservation de l'emploi, l'amélioration des conditions de travail et l'environnement seraient des critères plus importants que la seule augmentation dogmatique des flux commerciaux dans la définition des politiques économiques.

On le voit, tout n'a pas été essayé contre le chômage, loin de là ! Il reste l'essentiel : la sortie de l'Union européenne et les possibilités qu'elle ouvre. Compétitivité monétaire, protectionnisme intelligent, reprise en main du système bancaire, patriotisme économique, État stratège, innovation, etc., autant d'armes qui réussissent très bien à de nombreux pays libres. À la clé pour la France, la création de millions d'emplois. Volonté et pouvoir sont les deux jambes du Frexit.

Échec des grèves et manifestations : l'UE, ce grand tabou !

Sert-il encore à quelque chose de manifester ou de faire grève ? C'est la question qu'on se pose lorsqu'on passe en revue les plus récents mouvements sociaux que notre pays a traversés.

Mobilisation contre la loi El Khomri de mars à juillet 2016 : des centaines de milliers de manifestants pendant des mois, jusqu'à 390 000 selon la police et 1 300 000 selon les syndicats, mais aucun résultat : le gouvernement n'a cédé sur rien.

Rebelote en septembre 2017 sous la présidence Macron lors de la présentation des ordonnances sur la loi Travail : des manifestations de rue, un rapport de force, des dizaines d'heures de débats médiatiques, quelques grèves, mais aucune concession du gouvernement au final.

Quelques mois plus tard, en mars 2018, débutait l'un des plus longs mouvements sociaux qu'ait jamais connus la SNCF, à base de grèves perlées étalées sur plusieurs mois, de manifestations régulières, parfois unitaires avec l'ensemble de la fonction publique, et d'un débat politico-médiatique intense. Même sentence à la fin : le pouvoir n'a rien lâché.

Est-ce un effet conjoncturel ? Les gouvernements Hollande et Macron seraient-ils plus rigides que le gouvernement Juppé de Jacques Chirac qui, même s'il affirmait crânement être « droit dans ses bottes », avait dû finalement reculer devant les grandes grèves de décembre 1995 ?

1936, 1968, 1995 : un passé qui ne pourrait plus avoir de répliques ?

En réalité, tout a changé. La grève est certes toujours la grève, avec ses débats sur le paiement des jours non travaillés, les sempiternelles images sur les usagers-en-colère et les palabres sur le service minimum. La manifestation est certes toujours la manifestation, avec sa cohorte de banderoles, de revendications, de slogans, de chansons, et trop souvent de heurts. Les syndicats sont certes toujours les syndicats, avec leurs acronymes qui puisent dans l'histoire sociale de notre pays : CGT, FO, CFDT, Sud...

Mais de l'autre côté, tout a changé.

Face au mouvement social et aux syndicats qui l'incarnent, le gouvernement en effet n'est plus comme par le passé décisionnaire mais exécutant. Les lois attaquées ne sont en réalité plus des lois nationales, issues d'un débat électoral national même imparfait, mais des lois d'application de textes pensés et élaborés ailleurs. Et cela change tout à la démocratie sociale.

Le gouvernement ne décide plus mais exécute, car l'essentiel des réformes qui suscitent aujourd'hui des mobilisations sociales ne sont en réalité que des transpositions de recommandations ou d'exigences juridiques de l'Union européenne.

C'est le cas concernant la libéralisation du rail, qui est directement pilotée par Bruxelles depuis les premiers textes qui évoquent l'ouverture à la concurrence de ce service public en 1991 jusqu'aux dernières directives européennes de libéralisation contenues dans ce qu'on nomme le « quatrième paquet ferroviaire » adopté entre 2013 et 2016. Ce paquet rend obligatoire l'ouverture à la concurrence du rail sur l'ensemble du territoire de l'UE en 2021 pour les lignes à grande vitesse et au plus tard en 2023 pour les lignes TER. Déjà le marché du fret ferroviaire a été ouvert et un ensemble de dispositions législatives ont adapté la SNCF à l'ouverture à la concurrence depuis les années 2000 (pendant un temps, l'entreprise publique fut même coupée en deux dans ce but, entre la SNCF et le Réseau ferré de France [RFF]).

Les lois dites « El Khomri » sous Hollande et « Travail » sous Macron ne sont pas le fruit d'une transposition directe d'un texte européen, comme c'est le cas concernant le rail. Ces lois sont « inspirées », très fortement suggérées devrait-on dire, par l'Union européenne. Rappelons encore une fois le rôle et l'effet d'un document publié chaque année par la Commission de Bruxelles, les GOPE. Il ne s'agit pas de simples déclarations d'intention mais de documents assez longs, précis, détaillés, et très orientés politiquement, toujours dans le sens du libéralisme. Comme la muse inspire le poète, les GOPE guident désormais le législateur français...

Lisez les GOPE, et vous saurez ce que fera votre gouvernement l'année suivante ou l'année d'après, quelle que soit sa couleur politique ! Ce conseil marche à tous les coups.

Ainsi, la dérégulation du marché du travail qui forme la philosophie des lois El Khomri, sous Hollande, et Travail, sous Macron, correspond exactement aux exigences des GOPE publiées les années précédentes. Celles-ci demandent en effet « d'accroître la souplesse des conditions de travail ». On y trouve d'autres perles : un appel à une modération forte du salaire minimum, à la réduction des dépenses de santé, à la dérégulation de certains secteurs comme les taxis notamment (la fameuse « ubérisation »), etc.

Dès lors, lorsqu'un conflit social à portée nationale se dessine parce que le gouvernement français met en application dans notre droit national ces charmantes « recommandations » ou parce qu'il transpose en droit français un texte européen d'application obligatoire (c'est le cas pour la SNCF), le pouvoir n'a rien à négocier ! N'ayant rien décidé, il ne fait qu'exécuter. Et tout se bloque.

En effet, peut-on négocier avec un exécutant ? Par définition non, car l'exécutant ne pourra le faire que si l'échelon au-dessus de lui est d'accord pour adapter et modifier, voire retirer, ses plans initiaux.

Macron n'avait donc rien à négocier lors du conflit sur le service public ferroviaire. Comme hier il n'avait rien à négocier sur la loi Travail, ou son prédécesseur sur la loi El Khomri.

Il ne pourrait concéder quelque chose aux grévistes qu'à la condition de choisir sciemment de ne pas appliquer un texte européen. En d'autres termes, il ne pourrait négocier qu'à la condition d'ouvrir une énorme crise en Europe en décidant souverainement de défier la Commission européenne, chargée de surveiller la bonne exécution des travaux européens, mais aussi les États membres qui, eux, ont déjà transposé le texte dans leur droit national et attendent la réciprocité en France. Qu'à la condition donc de se dédire et de s'humilier devant ses pairs européens, puis d'endurer le risque hautement probable de se voir infliger des amendes européennes, ainsi que le prévoient désormais les traités. L'addition serait salée, plusieurs milliards d'euros probablement.

Et à la fin, la pression des condamnations judiciaires, financières, politiques, morales contre la France amènerait très certainement le pouvoir en place, ou son successeur, à se coucher.

Voyez-vous Hollande hier, ou Macron aujourd'hui, ouvrir une telle crise avec Bruxelles et Berlin ? Non, bien évidemment.

L'Union européenne tue la démocratie, mais elle tue donc, aussi, la démocratie sociale. Le jeu normal des mobilisations, des rapports de force, des négociations, des compromis, qui rythme la vie sociale d'une démocratie et qui a permis pendant des décennies l'avancée pas à pas des droits des travailleurs et du service public, est enrayé dans le système européen.

L'opinion publique est-elle informée de l'origine européenne des réformes qui cristallisent les mécontentements ? Non, ou si peu. Et pour cause, les grands chefs syndicaux ne le disent jamais ! Pendant les mois qu'a duré le conflit à la SNCF, il est ahurissant de constater que pas une fois, sur des dizaines d'interviews, le patron de la CGT Philippe Martinez n'a évoqué l'origine européenne de la libéralisation du rail ! Pas une seule fois.

Comment voulez-vous donner du sens à un mouvement social quand vous n'en révélez pas les causes réelles ? Quand vous n'êtes pas capable d'en expliquer les tenants et les aboutissants ?

De la même façon, qui sait l'origine européenne de la libéralisation du gaz et de l'électricité il y a quelques années, qui a eu pour conséquence une hausse sensible des prix puis l'extinction programmée des tarifs réglementés ?

Qui est au courant du souhait de l'Union européenne de voir nos barrages hydroélectriques passer dans les mains du privé ? Pas grand monde, ce qui est totalement anormal dans une démocratie digne de ce nom, où ces grands choix de société devraient faire l'objet d'une discussion collective.

Les apparatchiks des grandes centrales syndicales, que je ne confonds pas avec une base militante souvent plus franche, passent leur temps à tout critiquer, tout fustiger, mais il est curieusement un acteur – pourtant ultra-central dans leur combat ! – qu'ils ne mentionnent jamais : l'Union européenne.

Serait-ce parce qu'ils espèrent secrètement se reconvertir au sein d'une instance européenne une fois leur mandat syndical terminé ? C'est possible. Après tout, l'ancien patron de Force ouvrière (FO), Jean-Claude Mailly, a quitté en avril 2018 la tête de son syndicat pour rejoindre quelques mois plus tard le Conseil économique et social européen avant de finalement renoncer à ce dernier poste sous la pression. À l'automne 2017, il s'était montré étrangement mou contre la loi Travail…

L'UE pourrait pourtant jouer le rôle, bien malgré elle, de seul coagulant efficace pour faire converger les luttes ! À partir du moment où les travailleurs, les usagers, l'opinion publique seraient informés du rôle prépondérant de l'Union européenne dans les lois qui font l'objet d'un mouvement social, ils auraient beaucoup plus de facilités à échapper au piège de la division et à concevoir une issue politique capable de les fédérer.

Car aujourd'hui les Français désespèrent souvent devant les conflits sociaux. Parfois, au fond de leur cœur, ils les soutiennent ardemment, mais partagent en même temps le sentiment diffus qu'il n'y a aucune porte de sortie, aucune chance que se dessine une solution politique positive. Aucune espérance.

Le Frexit en est une. C'est même l'issue politique par excellence. La seule en mesure de briser la chape de plomb qui s'abat sur le pays, et par là de redonner du sens à l'action citoyenne, à l'action démocratique, à l'action syndicale.

Immigration : la passoire européenne ou la nation

Nous sommes le 21 avril 2018, la France découvre sur les réseaux sociaux et à la télévision des hommes jeunes, en anorak bleu, en train de jouer le plus sérieusement du monde aux gardes-frontières dans les Alpes, plus précisément au col de l'Échelle au-dessus de Briançon. Ils affichent devant les caméras un objectif, celui d'empêcher l'arrivée de migrants clandestins par la frontière italienne. Leur but réel, et il est atteint, est une immense opération de communication pour faire connaître leur organisation : Génération identitaire.

« L'identité » défendue n'est manifestement pas l'identité française, puisque l'intégralité de leurs éléments d'identification, bâches géantes et blousons, est en anglais et que leur slogan prône la défense de l'Europe et jamais celle de la France.

En août 2017, ils s'étaient déjà fait connaître du grand public en patrouillant au large de la Libye à bord du *C-Star*, un bateau de quarante mètres de long loué par le collectif d'identitaires européens *Defend Europe*.

L'opération d'avril 2018 dans les montagnes alpines se terminera en feu d'artifice folklorique puisqu'aux identitaires en anorak bleu viendront répondre sur le même terrain de jeu glacé des « antifas » (militants d'extrême gauche) italiens qui forceront une journée la frontière pour faciliter le passage de clandestins.

Médusée, l'opinion publique aura donc assisté en ce printemps 2018 à une succession de scènes inédites et surréalistes opposant deux équipes, les bleus et les rouges, au milieu des Alpes. Un seul acteur manque au tableau, et pas des moindres : l'État.

Ces bouffées hors normes dans le débat public révèlent principalement une chose : un laisser-aller général dans notre pays sur l'immigration, où les initiatives privées en action et en réaction se multiplient à mesure que la situation se dégrade.

La France connaît depuis les années 1970 une immigration de plus en plus intense, le signal ayant été donné par le président Pompidou, qui a offert l'ouverture des vannes migratoires au grand patronat français, alors désireux de bénéficier d'une main-d'œuvre bon marché et docile pour maximiser son taux de profit. Nous sommes alors au début du retournement conjoncturel, à l'aube des pics pétroliers qui allaient plonger la France dans une grave crise économique et sociale.

En tendance, les chiffres de l'immigration légale, parmi lesquels l'asile, n'ont cessé d'augmenter depuis. En 2016, 227 550 titres de séjour étaient accordés en France, soit 10 000 de plus qu'en 2015 et une hausse de 30 000 par rapport à 2010. Parmi ces titres, le motif familial reste prépondérant (88 000 environ), devant les étudiants

(70 000) et la raison humanitaire (33 000). En 2017, pour la première fois, la France a même recueilli plus de 100 000 demandes d'asile !

Pour bien mesurer le caractère irrésistible de cette augmentation, il faut prendre conscience que les chiffres de l'immigration observés sous le quinquennat de Nicolas Sarkozy étaient certes inférieurs à ceux que nous connaissons aujourd'hui avec Emmanuel Macron, mais supérieurs aux chiffres obtenus quand Lionel Jospin œuvrait à Matignon durant sa cohabitation avec Jacques Chirac entre 1997 et 2002. C'est d'autant plus stupéfiant que Nicolas Sarkozy s'était justement fait élire en 2007 sur la promesse d'une maîtrise forte de l'immigration !

À ces chiffres de l'immigration légale, il convient bien sûr d'ajouter ceux de l'immigration illégale, ou clandestine. Par définition, ces données sont nettement moins bien connues que celles de l'immigration légale. Mais des indices forts nous laissent penser que le nombre de clandestins est en forte progression en France. Ainsi, nous avons constaté ces dernières années une explosion du nombre de couchages sauvages dans les rues de nos villes et l'installation de nouveaux bidonvilles, notamment à Paris. Il y a fort à parier que le nombre de clandestins a connu une augmentation brusque depuis la crise des migrants de 2015, consécutive à la déstabilisation du Moyen-Orient, en particulier à la crise syrienne mais aussi à la chute orchestrée de Muammar al-Kadhafi après l'attaque de la Libye en 2011.

Le 9 novembre 2017, le ministre de l'Intérieur Gérard Collomb a avancé le chiffre de « 300 000 personnes en situation irrégulière » en France. Chiffre invérifiable, probablement très minoré. Sûrement fondé sur les statistiques officielles de l'aide médicale d'État (AME) dont le nombre annuel de bénéficiaires oscille ces dernières années entre 300 000 et 400 000.

Si les responsables politiques s'écharpent encore sur l'immigration, versant souvent dans la caricature, ce n'est plus le cas des Français, très majoritairement convaincus que le rythme de l'immigration est trop élevé. Soixante-quatre pour cent le pensent selon un sondage Ifop de décembre 2017, alors que 4 % seulement estiment qu'il n'est pas assez élevé. Notons d'ailleurs que les partisans d'un ralentissement de l'immigration sont 95 % parmi les anciens électeurs de Marine Le Pen et 75 % parmi ceux de François Fillon mais qu'ils sont aussi majoritaires chez les partisans de Jean-Luc Mélenchon, à 51 % contre 8 % d'avis contraire.

Les conséquences économiques, sociales, budgétaires, civilisationnelles de l'immigration incontrôlée éclatent manifestement aux yeux d'une grande majorité de Français.

Cela signifie-t-il que tout étranger arrivé en France est un poids, ou une menace ? Bien sûr que non. Je ne fais pas partie de ceux qui veulent cadenasser la France à double tour, ou qui ont une vision raciale de la France. Il y a des talents qui arrivent en France, des étudiants étrangers qui contribuent au rayonnement de notre pays et de notre langue et nous avons le devoir de les accueillir, pour notre bien à tous. Encore aujourd'hui, chacun connaît autour de soi de magnifiques exemples d'assimilation républicaine. Notre nation est fondamentalement une œuvre politique, capable de se muer en chef-d'œuvre collectif quand elle sait fondre dans son creuset millénaire des gens venus de divers horizons.

Ce constat d'évidence ne doit pourtant pas masquer l'essentiel : la France est saturée d'immigration. Les tensions communautaires montent. Le fondamentalisme islamiste qu'elle charrie en partie avec elle pose d'immenses problèmes.

Pourtant, en dépit des discours de campagne, rien ne semble jamais pouvoir changer. On l'a vu, Sarkozy a laissé entrer plus d'étrangers que Jospin. Et Macron, malgré des formules qui peuvent paraître plus dures que la ligne de conduite de son prédécesseur, a déjà commencé d'en faire venir davantage que lui.

Tout se passe comme si le temps qui défile était le seul vrai déterminant du rythme de l'immigration, comme si les engagements gouvernementaux n'avaient plus aucune prise...

C'est exactement le cas. Si les gouvernements sont impuissants, et les promesses de campagne systématiquement trahies, c'est précisément parce que la France ne maîtrise quasiment plus rien de sa politique d'immigration.

Voilà pourquoi user ses journées à se lamenter des méfaits de l'immigration massive mais refuser de poser la question de la souveraineté nationale contribue à entretenir l'illusion, la tromperie. S'agiter sur sa chaise et crier « Identité ! identité ! » ne résoudra rien. Opposer le combat pour l'identité nationale à la reconquête de notre indépendance est stérile.

Une politique sage suppose de faire les choses dans l'ordre et avec méthode : si on veut agir sur l'immigration, *a fortiori* pour la contenir, il faut d'abord pouvoir le faire. Écrits ainsi, ces mots paraissent évidents, et pourtant ils ne le sont pas pour tous. Ils ne le sont pas en particulier pour ces partis politiques très forts pour fustiger l'immigration mais tout aussi doués pour rejeter catégoriquement toute idée de Frexit...

Nous en revenons là au désaccord de fond que j'ai exprimé sur la nouvelle ligne, UE-compatible, du Front national post-2017 et sur l'illusion terrible qu'elle représente.

Le grand secret des débats français sur l'immigration, c'est que, depuis une vingtaine d'années, la France ne maîtrise plus l'essentiel de sa politique d'immigration. Souvent les Français n'en ont pas conscience car les débats politiciens cachent systématiquement cette dimension essentielle du sujet. Cette vingtaine d'années correspond en outre à la période durant laquelle les chiffres de l'immigration et de l'asile ont connu leur plus grand emballement. Car non seulement la France n'a plus la maîtrise de sa politique migratoire, mais les institutions et les gens qui en ont pris le contrôle sont de surcroît tous animés par l'idée d'une immigration forcément nombreuse, bénéfique et heureuse !

L'élément le plus connu de cette grande dépossession, peut-être d'ailleurs le seul vraiment connu, est la frontière.

Depuis le traité d'Amsterdam de 1999, il n'est plus possible de sortir de l'espace Schengen sans sortir de l'Union européenne. Les accords de Schengen (qui datent à l'origine de 1985) et leur convention d'application ont en effet été intégrés au Traité. En outre depuis le 1er janvier 1993, nous vivons dans ce qu'on nomme « le marché intérieur » qui comporte selon le Traité sur le fonctionnement de l'Union européenne « un espace sans frontières intérieures dans lequel la libre circulation des marchandises, des personnes, des services et des capitaux est assurée selon les dispositions des Traités ».

Ceux qui ont vécu cette période s'en souviennent : le 1er janvier 1993, c'était fête obligatoire pour tout le monde ! Enfin les douanes s'effaçaient, les contrôles disparaissaient, les frontières tombaient. Devant le capital, devant la concurrence mais aussi devant les flux de personnes. Comme ils le feront devant les distributeurs de billets de banque à l'occasion du passage à l'euro neuf ans plus tard, les médias multipliaient en 1993 les reportages destinés à montrer une population heureuse à l'idée de ranger au grenier de l'histoire les vieilleries poussiéreuses que représentaient les frontières. Il y avait injonction d'en jouir et de faire la fête, si possible au pied d'un poste-frontière démantelé. Au son de l'*Hymne à la joie* et bien sûr au nom de « l'Europe » ! Il faut d'ailleurs reconnaître qu'à l'époque beaucoup y croyaient de bonne foi.

Et tant pis pour ceux qui, visionnaires, s'inquiétaient des possibles conséquences dramatiques de ce grand laisser-aller, comme l'académicien Maurice Schumann qui écrivait dès 1989 : « Est-il raisonnable d'annoncer que les marchandises, les personnes et les capitaux pourront circuler librement à l'intérieur de la Communauté sans être assujettis au moindre contrôle à partir du 1er janvier 1993 ? Est-il concevable d'abolir totalement ce qui reste des frontières à une époque où le trafic de drogue, le terrorisme et l'immigration clandestine obsèdent les pouvoirs publics, sans avoir unifié les législations et réglementations nationales ? »

Aujourd'hui quelques clauses d'exception permettent de rétablir temporairement des contrôles aux frontières nationales, ou plutôt « intérieures de l'UE », comme le président Hollande l'avait fait suite aux tragiques attentats du Bataclan et de Saint-Denis le 13 novembre 2015. Il avait même alors évoqué dans son intervention télévisée « la fermeture des frontières » qui, évidemment, n'eut jamais lieu.

Les gens n'ont pas idée de l'étendue des interdits européens. Dans un règlement du 9 mars 2006, article 24, il est même précisé que les limitations de vitesse sont interdites « aux points de passages routiers aux frontières intérieures », sauf si elles sont justifiées par des impératifs de sécurité routière. La conséquence pratique de cette exigence a été le démontage des infrastructures frontalières de contrôle (ralentisseurs, chicanes, points de contrôle, quais de déchargement…) prescrit en France par une circulaire, en application de ce texte bruxellois.

Mais l'influence européenne se limite-t-elle aux frontières ?

En réalité, non. La prise en charge de notre politique d'immigration par l'Union européenne va beaucoup plus loin que la seule question, déjà fondamentale, des frontières nationales.

Depuis le traité d'Amsterdam précédemment cité, c'est en fait une immense part de la politique d'immigration qui est cogérée entre les États membres et l'Union européenne.

Depuis cette époque, les visas, la politique d'accueil, les règles de franchissement des frontières sont régis par des textes communautaires. Seules les règles relatives aux conditions d'obtention de la nationalité restent, pour le moment, dans la main des États.

Peut-on ainsi mettre fin au regroupement familial en restant dans l'Union européenne ? Non. Une directive du 22 septembre 2003 réglemente le regroupement familial dans l'UE et évoque expressément un « droit au regroupement familial » que les États membres ne peuvent ni abolir ni suspendre. La Cour de justice de l'Union européenne a bâti sur ce texte une jurisprudence de plus en plus favorable au regroupement familial.

Le 8 mai 2018, dans un arrêt concernant la Belgique, la Cour de justice de l'Union européenne a pris soin de mettre les points sur les i et de rappeler que « les demandes de regroupement familial doivent être prises en compte même si le ressortissant d'un pays non-UE, membre de la famille d'un citoyen de l'UE n'ayant jamais exercé sa liberté de circulation, est frappé par une interdiction d'entrée sur le territoire ».

Comme un rasoir à deux lames, si d'aventure le contrôle de l'Union européenne n'était pas suffisant, la lame de la Cour européenne des droits de l'homme (CEDH), juridiction internationale instituée par le Conseil de l'Europe en 1959, se chargera de finir le travail. Celle-ci interprète en effet depuis longtemps l'article 8 de la Convention européenne des droits de l'homme, sur le respect de la vie familiale et privée, comme une protection absolue du regroupement familial. Dans un jugement de juillet 2014, la CEDH a rappelé que la France devait faire preuve de « souplesse, célérité et effectivité » dans le traitement des demandes de regroupement familial.

L'article 3 de la Convention européenne, relatif à l'interdiction de la torture, donne aussi régulièrement l'opportunité à la CEDH de refuser l'expulsion d'étrangers, même terroristes, au motif qu'ils risquent d'être maltraités dans leur pays en vertu du code pénal qui s'y applique. Par exemple, en février 2018, la France a été condamnée pour avoir renvoyé en 2015 en Algérie un homme condamné sur le territoire national pour association de malfaiteurs terroristes, au motif qu'étaient rapportés en Algérie des cas de torture et de mauvais traitements dans les lieux de détention.

Garder au chaud nos terroristes, c'est ce que nous demande la CEDH, sous peine de sanctions…

On le voit : c'est toute une jurisprudence favorable à l'immigration massive qui a été bâtie par cette Cour supranationale sur le fondement de principes inattaquables (qui souhaiterait s'en prendre à la vie familiale et privée ? Qui pourrait défendre la torture ?). L'enfer est pavé de bonnes intentions…

Nous sommes typiquement ici dans le cas d'une machine infernale : se contraignant au départ à des règles à première vue très saines, et acceptant de renoncer à une partie de sa souveraineté au nom du contrôle de l'application de ces règles, la France se trouve aujourd'hui dans une situation où elle peut se voir contrainte de garder sur son sol des personnages hautement dangereux tout en perdant la maîtrise de sa politique d'immigration.

La CEDH constituera donc un autre *exit* auquel il faudra procéder : pas question pour la France de continuer à jouer un jeu dangereux pour elle-même, son peuple, sa sécurité.

Signalons d'ailleurs à ce sujet que bientôt il ne sera plus possible de quitter la Convention européenne des droits de l'homme sans quitter l'Union européenne. L'adhésion de l'UE à la Convention a en effet été rendue obligatoire par le traité de Lisbonne qui s'applique depuis 2009. Cette adhésion n'a pas encore eu lieu, rencontre des péripéties juridiques, mais demeure un objectif politique de premier plan pour les élites européistes. Il y a fort à penser que dans un avenir proche « sortir de la CEDH tout en restant dans l'UE » sera un vœu pieux de plus.

Notre politique migratoire est donc enserrée dans un maquis de traités, de règlements, de directives, de jurisprudences rendant impossible toute inflexion véritable.

Je dois ici livrer au lecteur une conversation que j'avais eue en 2011 avec un haut fonctionnaire issu du fameux « ministère de l'Immigration et de l'Identité nationale » voulu par Nicolas Sarkozy et qui avait poursuivi sa carrière dans une direction en charge de l'immigration à l'Intérieur, après la disparition du ministère de l'Immigration. L'homme, ancien élève de l'ENA mais très éloigné du politiquement correct, était ce jour-là désabusé.

Nous étions installés dans un coin discret d'un café parisien et nous parlions de la politique d'immigration de Sarkozy et de son ministre Guéant, ainsi que de la campagne présidentielle de 2012 qui approchait. Il savait qu'il parlait à celui qui murmurait alors en cachette à l'oreille de Marine Le Pen.

« Dans la perspective des élections, ils nous ont demandé de serrer la vis partout où on peut le faire. Sarkozy veut arriver à la présidentielle avec des chiffres d'immigration en baisse. Et on l'a fait. »

Je l'interrogeais alors sur le résultat obtenu.

« Quasiment rien. On fait ce qu'on peut partout mais on s'est rendu compte que les règles européennes ne nous laissaient presque aucune marge de manœuvre. »

L'année 2011 a en effet marqué un léger fléchissement des chiffres de l'immigration, conséquence de la préparation de la séquence électorale et du souhait de Nicolas Sarkozy de se représenter mais aucune baisse réelle et durable. Sarkozy ne parviendra pas à convaincre pendant sa campagne présidentielle, à remobiliser son électorat de 2007 et finira battu par François Hollande au mois de mai.

Au regard de cette expérience, on comprend d'ailleurs que c'est une nouvelle fois parce qu'il a voulu à tout prix obéir à l'UE et y rester, qu'un Président français a échoué à tenir ses engagements. Comme François Mitterrand qui fit le choix du « tournant de la rigueur » en 1983 pour maintenir la France dans le Système monétaire européen. Comme Jacques Chirac qui, au nom de la préparation du passage à l'euro, enterra en octobre 1995 son discours audacieux sur la fracture sociale. Comme plus tard François Hollande qui, dès les premières semaines de son quinquennat, fit ratifier le Traité budgétaire européen en dépit d'une promesse de renégociation.

Non seulement le maintien dans l'Union européenne détruit à petit feu le pays mais c'est aussi un poison à effet lent qui érode peu à peu le lien de confiance entre les citoyens et leurs élus. En continuant pendant les campagnes électorales à faire des promesses qu'on ne peut tenir qu'en dehors de l'Union européenne, les responsables politiques se condamnent à trahir et poussent leur peuple vers le désenchantement, l'abstention et bien souvent le dégoût de la politique.

Les Français qui votent tous les cinq ans dans l'espoir d'une politique d'immigration plus ferme seront d'autant plus désabusés que ceux qui tiennent le manche à Bruxelles ne partagent pas le moins du monde leur avis. Bien au contraire ! Les textes sécrétés par l'Union européenne sont systématiquement des odes à l'immigration, de véritables symphonies au multiculturel !

Ainsi, citons Dimitris Avramopoulos, commissaire européen (grec) aux migrations qui avertit le 18 décembre 2017, dans une interview à *Politico Europe*, que « nous ne pouvons et ne pourrons jamais stopper les migrations », qu'il faut « changer collectivement notre façon de penser ». L'immigration selon lui ? Tout simplement « la nouvelle norme ». Nous voilà avertis...

Car il le pense et l'assume : l'accueil de migrants est à ses yeux « un impératif moral mais aussi un impératif économique et social pour un continent vieillissant ».

Face à ces discours, les gesticulations de campagne des aspirants gouverneurs en France ne pèsent pas grand-chose. D'ailleurs, dans son pays, monsieur le commissaire Avramopoulos est considéré comme un homme de droite, preuve supplémentaire que ces fausses frontières entre droite et gauche n'ont plus aucune réalité.

Aujourd'hui encore, à l'heure où ces lignes sont écrites, on peut lire sur le site même de la Commission européenne, parmi les objectifs d'action proclamés : « Faire en sorte que l'Europe reste une destination attrayante dans un contexte de déclin démographique, notamment en révisant le régime de la carte bleue, en redéfinissant les priorités de la politique d'intégration et en améliorant l'efficacité de la politique migratoire des pays d'origine, par exemple en facilitant les envois de fond des travailleurs émigrés. »

Mettez en miroir ces phrases avec les discours de campagne de Nicolas Sarkozy, avec les déclarations d'intention parfois ferme du ministre de l'Intérieur Gérard Collomb ou avec les rodomontades de Manuel Valls en son temps, vous comprendrez alors l'immense problème démocratique dans lequel notre pays est plongé.

Sortir de l'Union européenne, ce n'est pas tout régler d'un coup de baguette magique. C'est en revanche se donner la possibilité d'agir vraiment. C'est le droit de choisir et non l'obligation de subir.

Choisir dans un sens ou dans l'autre, selon les préférences démocratiques des Français, qui n'auront plus le sentiment vertigineux de n'avoir prise sur rien, même quand ils votent massivement dans une direction pourtant très claire.

Sortir de l'Union européenne, ce sera aussi pouvoir envisager l'immigration sous tous ses aspects enfin, et non uniquement comme synonyme d'un accueil illimité et infini. On pourra remettre de l'ordre en France, mettre de la mesure, du contrôle, réinsuffler l'esprit républicain de l'assimilation à la nation, à des valeurs, à une histoire.

Mais aussi avoir une politique ambitieuse, généreuse, de codéveloppement avec les pays d'origine, fondée sur des critères précis et chiffrés, pour limiter au maximum les départs.

Retrouver le sens véritable de l'humanisme, qui ne veut pas dire entasser des gens pauvres dans des bidonvilles ou des banlieues de fortune. L'humanisme, c'est aider son semblable à être heureux dans son pays, non pas le livrer aux trafics infects des mafias du commerce mondial de l'humain.

Quelques pays européens, à l'Est, semblent vouloir « résister » aux pressions immigrationnistes des apparatchiks de l'Union européenne. On pense notamment à la Hongrie. Certains politiques français sont sûrs d'y voir la panacée qui leur épargnera l'éprouvant travail, normalement le leur, de défendre la vérité et non l'illusion.

Car c'est bel et bien une illusion. La France n'est pas la Hongrie : en Hongrie on passe, en France on vient. La France a 67 millions d'habitants, la Hongrie moins de 10 millions. La France est géographiquement à la croisée de tous les plus grands pays d'immigration, pas la Hongrie.

La Hongrie craint de quitter l'UE, car elle fait partie des bénéficiaires nets du budget européen. Chaque année en effet elle en reçoit 2,6 milliards d'euros de plus que ce qu'elle verse. Une somme colossale par rapport à ses revenus nationaux. C'est concrètement pour elle le financement de routes, d'universités, d'hôpitaux en plus. La France n'a rien à craindre de la sorte : les routes hongroises sont les déficits français, car nous sommes un contributeur net à l'UE, c'est-à-dire que chaque année nous payons 8 à 9 milliards d'euros de plus que ce que nous recevons en retour.

Et puis la « résistance » a ses limites, car l'UE a de sérieux arguments : elle souhaite désormais pouvoir couper les fonds européens aux pays récalcitrants, ce qui aurait pour effet immédiat de mettre au garde-à-vous la Hongrie et ses voisins rebelles.

On peut même pousser le raisonnement un cran plus loin : et si la Hongrie ne montrait les muscles que dans le but d'établir un rapport de force pour préserver l'aumône de Bruxelles, les fameux fonds structurels ? Pour elle, aucun risque car de toute façon les migrants ne souhaitent ni y rester ni s'y établir. Mais un double avantage : flatter l'opinion publique hongroise, très hostile aux migrants, et envoyer des signaux à l'Union européenne pour lui soutirer quelques euros supplémentaires. Gare cependant à ce que le rapport de force ne s'inverse, comme l'UE en montre de plus en plus clairement le souhait...

En septembre 2017, la Cour de justice de l'Union européenne en outre a interdit à deux pays, la Hongrie et la Slovaquie, de refuser les quotas européens de migrants.

Et puis il y a l'arme suprême, la « bombe nucléaire » européenne : la Banque centrale européenne, qui tient littéralement dans sa main les pays de l'euro et liés à lui. La BCE peut mettre en quelques jours à genoux un pays « récalcitrant », ainsi qu'elle ne s'était pas gênée de le faire avec la Grèce rebelle de Tsipras durant la crise référendaire de l'été 2015. Alimenter les agences bancaires en argent liquide est son métier, les en priver et assécher les distributeurs de billets est aussi une corde qu'elle a à son arc. À bon entendeur salut...

Prendre exemple sur la Hongrie n'a donc aucun sens, surtout pas pour la France qui n'est pas confrontée à une immigration de passage, mais d'installation, et qui a un rapport inversé au budget européen : il ne nous rapporte rien, il nous coûte chaque année des sommes de plus en plus formidables.

Caresser dans le sens du poil un électorat quitte à lui mentir « les yeux dans les yeux », comme dirait l'autre, n'est pas plus glorieux ni plus efficace. Je pense ici au « référendum sur l'immigration » proposé par Nicolas Dupont-Aignan sur tous les plateaux de télévision durant le premier semestre 2018.

L'idée est d'utiliser la procédure introduite dans la Constitution en 2008 par Nicolas Sarkozy, qui a été rapidement baptisée « référendum d'initiative partagée » car elle nécessite la réunion de cent quatre-vingt-cinq parlementaires et 4,7 millions de signatures d'électeurs inscrits sur les listes électorales.

Bon courage car franchir cette étape revient à sauter l'Himalaya à pieds joints...

Mais ce n'est pas tout ! Avant que ces montagnes de signatures ne se transforment en référendum, il faut passer sous les fourches caudines du Conseil constitutionnel, chargé de vérifier que votre référendum porte bien sur un sujet autorisé par la Constitution dans son article 11. Et là nouveau problème car l'immigration n'en fait pas partie...

Et ce n'est pas fini ! Le Conseil s'assure aussi que le texte proposé à référendum est bien entièrement conforme à la Constitution. Nouvelle barrière puisque *a minima* le Conseil jugera que le texte du référendum est contraire à l'article 88-1 de notre Constitution, introduit à l'occasion du traité de Maastricht en 1992, et qui précise en toutes lettres que « la République participe à l'Union européenne [...] ». On peut aussi penser que, sur d'autres points, le Conseil tiquera sévèrement.

De toute façon, même si cet hypothétique référendum sur l'immigration franchissait par extraordinaire ces multiples obstacles, puis qu'il était voté par les Français, il serait immédiatement jeté à la corbeille car instantanément rendu inapplicable par notre appartenance à l'Union européenne, pour les raisons que nous avons vues plus haut.

Nicolas Dupont-Aignan sait parfaitement tout ce que je viens d'écrire. Marine Le Pen qui a rejoint l'initiative aussi. Leur objectif n'est pas de faire avancer quelque cause que ce soit, mais de faire parler d'eux, coûte que coûte, et de flatter des électeurs mal informés sur les subtilités du sujet. Au bout, ils le savent déjà, il n'y aura évidemment rien, ni référendum ni changement de cap sur l'immigration.

Beaucoup de temps et d'énergie perdus pour rien, sûrement aussi quelques faux espoirs suscités, qui se paieront demain par l'abstention : voilà à quoi mènent ces initiatives purement marketing qui encombrent la vie politique française depuis des années.

Alors que toute notre force de frappe devrait être concentrée sur un unique objectif, le seul réellement utile, y compris pour dire stop à l'immigration délirante : obtenir la sortie de notre pays de l'UE.

Jouer aux durs dans un système dont vous ne maîtrisez rien est un jeu que vous perdez forcément, et avec de grands dommages.

Sortir du système et retrouver la maîtrise de vos propres règles est la seule solution viable et démocratique.

La première voie est proposée par les naïfs et les démagogues. La seconde par les hommes de courage. J'opte pour la seconde.

L'Europe, c'est la guerre

Le titre de ce chapitre, vous l'aurez compris, est l'antithèse de l'ultime argument – en réalité ultime mensonge ! – des européistes : « l'Europe, c'est la paix ».

Généralement, cette sentence, qui se veut d'autorité, est employée en dernier ressort par les tenants de l'Union européenne lorsque tous les autres arguments ont été épuisés, c'est-à-dire très rapidement, tant il leur est difficile de défendre leur idole en dehors de l'idée abstraite qu'ils s'en font, loin, très loin de toutes les réalités vécues et observées.

« Très rapidement », je ne croyais pas si bien écrire au moment de poser ces lignes. Emmanuel Macron venait en effet de prononcer son discours d'Aix-la-Chapelle du 10 mai 2018, à l'occasion de la remise du prix Charlemagne qu'il reçut des mains d'Angela Merkel, sans doute pour saluer son zèle en faveur de « l'Europe », plus probablement pour compenser ses revers subis sur la scène européenne – un comble ! – : non-réforme du travail détaché, renouvellement du glyphosate, rejet poli mais ferme d'une refonte de la zone euro, etc. Or, lors de ce discours, qui prolongeait dans l'esprit celui de la Sorbonne du 26 septembre 2017 et celui au Parlement européen du 17 avril 2018, auquel j'eus d'ailleurs l'occasion de répondre, le président de la République a sorti l'argument de la « paix » d'entrée de jeu, dès les premiers mots de son intervention, trahissant le vide du reste de son propos.

L'Union européenne étant objectivement indéfendable dans ses résultats, n'ayant démontré dans aucun domaine qu'elle réussissait mieux que des États souverains, il ne reste à défendre que le concept, pour ne pas dire le fantasme.

Comédien dans l'âme, Emmanuel Macron, drapé dans une gravité feinte, assena : « Soixante-dix années de paix [...], ce trésor qui n'a pas de prix. » Et comme cela n'a pas de prix, cela justifie bien entendu tous les sacrifices.

Le reste de son discours était empreint d'un fanatisme tout religieux. Oui, religieux. Le président de la République, prêtre ou sorcier, s'est présenté lui-même comme le grand protecteur du credo européiste, apportant quelques nouveautés doctrinales telles que la « souveraineté européenne », ce concept extraordinairement pervers qui implique la destruction de la souveraineté nationale, donc de la République et de la Démocratie, mais qui donne l'illusion d'une projection au niveau européen d'institutions et de concepts que les peuples connaissent bien, donc les rassure, ou les endort... Le vocabulaire employé par Emmanuel Macron dans son discours était celui d'un quasi-prophète. Le président de la République a ainsi énuméré « quatre commandements » (*sic*) censés redonner vie au « rêve carolingien » (re-*sic*) : « Ne soyons pas faibles / Ne soyons pas divisés / N'ayons pas peur / N'attendons pas. » Des incantations magiques qui, si elles n'émanaient pas de la bouche d'un chef de l'État en exercice, me feraient peut-être sourire. Aujourd'hui, dans le contexte de recul massif de nos libertés collectives et individuelles, elles m'inquiètent. Jusqu'où sont-ils prêts à aller pour faire vivre leur chimère ?

Ainsi donc, « l'Europe, c'est la paix ». Cette sauce argumentaire unique a accompagné à peu près toutes les politiques néfastes de l'Union européenne. Transferts de souveraineté et nouveaux traités, libéralisation des services publics, cures d'austérité, normes absurdes, ouverture totale des frontières, immigration massive, etc. Sur n'importe quel plateau de télévision, quel que soit le thème du débat, une fois démontré l'échec ou l'inefficacité de l'Union européenne, arrivera cette sentence magique, déclinée comme un mantra.

La rhétorique est implacable : surtout, ne rien remettre en cause car « l'Europe, c'est la paix » ! Une paix qui, on vous l'a dit, n'a pas de « prix ». En voici quelques exemples :

Une cure d'austérité terrible en Grèce qui a réduit l'espérance de vie, fait exploser la mortalité infantile, forcé au chômage ou à l'exil des centaines de milliers de jeunes ? Oui, mais « l'Europe, c'est la paix ». Un million d'emplois industriels perdus en France depuis l'introduction de l'euro ? Certes, mais « l'Europe, c'est la paix ». L'explosion du travail détaché qui lamine nos artisans du BTP et nos routiers ? Allons, ce n'est pas si grave, on va faire mine de corriger, et puis « l'Europe, c'est la paix ». L'agriculture française en crise permanente à cause d'un modèle qui ne lui convient pas ? Suffit ! « L'Europe, c'est la paix », etc. La liste est longue de tout ce que la France et d'autres pays du continent ont dû sacrifier pour « la paix de l'Europe », à commencer par leur liberté démocratique. Car c'est bien au nom de la paix que les européistes ont considéré qu'ils pouvaient s'asseoir sur le référendum français de 2005. Cette paix « n'a pas de prix », disait Macron, pas même celui de la démocratie.

Cette rhétorique de la « paix » relève, comme la plupart des discours européistes, d'une grave escroquerie intellectuelle qu'il nous faut disséquer. Il y a bien quelques bons sentiments que certains agitent de bonne foi mais cela ne justifie pas les mensonges que l'on nous sert.

Ainsi, cette « paix » largement mythifiée est fort commode, nous venons de le voir, lorsqu'il s'agit de masquer les échecs et les mensonges répétés de la bien mal nommée « construction » européenne. Les avancées fédéralistes depuis Maastricht, qui devaient apporter plus d'efficacité politique, plus de prospérité pour les peuples, n'ont bien évidemment tenu aucune de leurs promesses. Mais au moins, il reste « la paix ».

Pourtant, cette « paix » à laquelle les partisans de l'UE se réfèrent avec vénération, c'est-à-dire, très concrètement, la non-survenue de conflits armés entre les grandes puissances du continent, « l'Europe », n'y est pour rien. Elle n'en est pas à l'origine. Elle n'est pas non plus la garantie de sa perpétuation. Tout au contraire.

L'Union européenne, nous allons le voir, porte en elle les germes des guerres de demain. La résurgence d'un nationalisme guerrier (puisque c'est ce que prétendent craindre les européistes) a bien plus de chance de se produire au sein d'une Europe qui nie les nations et maltraite leur identité, que dans un monde où ces dernières seraient laissées libres d'être ce qu'elles sont et d'interagir entre elles dans le cadre de coopérations équilibrées, utiles et intelligentes.

C'est pourquoi il importe d'expliquer une bonne fois pour toutes pourquoi « l'Europe » ce n'est pas la « paix ». Et, si « l'Europe » n'est pas la paix, pourquoi elle pourrait bien être la guerre.

Le premier élément de réponse est très simple. Il est factuel et historique. L'Union européenne n'est pas « la paix » car l'Union européenne (ou ses ancêtres) n'existait pas lorsque la paix est survenue. Rappelons que le traité de Rome date de 1957. La paix *de facto* entre la France et l'Allemagne était donc déjà vieille de douze ans lorsque le premier pavé de cette Europe a été posé. À cette époque, la Communauté européenne n'avait évidemment pas atteint le degré de fédéralisme d'aujourd'hui et les États disposaient encore de suffisamment de leviers de pouvoir pour définir eux-mêmes, dans la plupart des domaines, leurs politiques nationales. Ainsi, la paix entre la France et l'Allemagne a été bien davantage consolidée par la volonté libre de leurs dirigeants et de leurs peuples, prenant par exemple la forme du traité de l'Élysée en 1963 (traité d'amitié et de coopération renforcée entre deux États souverains), que par les avancées déjà suspectes de la CEE aux yeux du général de Gaulle.

Au-delà des efforts spécifiques des gouvernements allemands et français, la paix en Europe c'est aussi, et peut-être même d'abord et avant tout, le résultat d'une situation géopolitique indéniable : « l'équilibre de la terreur », ouvert dès 1945 et qui a perduré jusqu'à la chute de l'URSS en 1991. Dans la balance de cet équilibre, nul ne peut ignorer le poids du parapluie nucléaire des États-Unis, de leurs troupes et plus encore de leur argent, déversé sur l'ensemble de l'Europe de l'Ouest. Nul ne peut ignorer non plus que l'Allemagne, notre « ennemie héréditaire », était divisée en deux États distincts, coupée en quatre et occupée militairement par les puissances alliées, dont la France, et par l'URSS ; dans ces conditions, il eût fallu que la haine entre nos deux peuples fût vraiment tenace, et l'Allemagne définitivement suicidaire, pour qu'une nouvelle guerre éclatât entre la France et l'Allemagne.

Cette situation géopolitique de l'Europe a porté un nom : la *Pax Americana*. Aucun n'aurait risqué le ridicule d'y voir une *Pax Europæa*. Les mêmes Américains ont ensuite naturellement accompagné les projets politiques d'unification de l'Europe, dont ils étaient, dès l'origine, le liant principal. Il est donc toujours amusant aujourd'hui de songer aux racines américaines de l'Europe face à ceux, menteurs conscients ou malheureux naïfs, qui croient faire de l'Union européenne le contrepoids des États-Unis, alors qu'elle n'en est qu'une émanation.

S'il fallait encore convaincre un européiste que son « Europe » n'est pour rien dans « la paix » qu'il déclame à longueur de discours, qu'il s'extirpe de son eurocentrisme maladif et prenne la peine de regarder le reste du monde. Ce fameux « équilibre de la terreur », sur les mêmes périodes, a produit peu ou prou les mêmes effets, et ce, même lorsqu'il n'y avait pas de volonté active de paix entre les gouvernements étrangers. Ainsi, la réalité militaire du monde a-t-elle protégé de la guerre des pays au moins aussi historiquement antagonistes que la France et l'Allemagne, tels que la Chine et le Japon. Comme la France et l'Allemagne, depuis soixante-treize ans, la Chine et le Japon ne se sont pas fait la guerre, sans pour autant qu'il existe entre eux un accord de disparition mutuelle semblable à l'Union européenne. Certes, si les États-Unis déclinent soudainement, ou s'ils cessent, dans un renversement volontaire de doctrine, de protéger le Japon ; si la Chine se prend d'une fièvre expansionniste la poussant à revendiquer autrement que par des voies diplomatiques les îles Senkaku, alors oui, peut-être, une guerre du type des Malouines entre la Chine et le Japon ne sera pas à exclure. Encore qu'il me semble que la Chine est aujourd'hui bien plus soucieuse d'affirmer sa puissance en prévoyant d'envoyer des taïkonautes sur la Lune ou sur Mars qu'en conquérant trois cailloux inhabités en mer de Chine, mais c'est un autre débat…

Pourtant, l'enchaînement de conjectures ici décrit est infiniment moins probable qu'une déchirure, y compris guerrière, du continent européen sous l'action nocive et oppressive de l'Union européenne. Les guerres conventionnelles interétatiques, entre puissances nucléaires ou même simplement issues du monde développé, ne sont pas celles qu'il faut craindre. Il existe, on le sait, bien d'autres formes de conflits que l'Union européenne, par ses politiques, pourrait bien attiser à l'intérieur même de son espace. Des guerres civiles, internes, qui naissent de causes plus diffuses, comme les inégalités sociales, la haine religieuse, l'injustice, l'oppression politique, les irrédentismes régionaux, etc.

Les disparités économiques excitées par la création de l'euro entre les différents États de l'UE, entre le Nord et le Sud plus particulièrement, mais aussi entre l'Est et l'Ouest, font naître des ressentiments profonds entre les peuples. La manière dont les Allemands sont perçus en Grèce ou en Italie devrait interroger ceux qui n'ont de cesse de vanter la fraternité européenne. L'irresponsabilité avec laquelle l'Union européenne a toujours cherché à entretenir et renforcer les identités locales et régionales, contre les États, place aujourd'hui des pays comme l'Espagne au bord de l'implosion. Certes, chaque cas est différent et l'indépendantisme catalan n'est pas dénué de fondements historiques mais les choses sont ainsi que les européistes ont consciemment travaillé « l'Europe des régions » en vue d'affaiblir les États ; cela se paye un jour ou l'autre. Souvenons-nous que c'est le traité de Maastricht de 1992 qui institua un « Comité des régions ».

Les dirigeants de l'Union européenne vivent dans la hantise d'un nationalisme qui n'existe plus et auquel ils attribuent, à tort, l'entière responsabilité des deux dernières guerres mondiales. La haine des nations qu'ils en tirent est proprement hallucinante et leur aveuglement envers les autres menaces, pour le coup bien réelles, qui pèsent sur les peuples européens, est, lui, glaçant. Je pense tout particulièrement au danger islamiste et au communautarisme qui fracturent tous les États du continent.

Craignant le nationalisme, l'erreur originelle des européistes est donc d'avoir cru qu'il suffirait de faire disparaître les États et les nations d'Europe pour éteindre leurs rivalités. C'est une pensée à la fois naïve et dangereuse. D'une part, parce que les rivalités entre nations sont le plus souvent absolument saines et ne débouchent pas sur la guerre mais sur le progrès *via* l'émulation ; elles sont donc positives. D'autre part, parce que leur substituer une autre entité, « l'Europe », exposerait aux mêmes risques théoriques. Il finirait bien par naître un « nationalisme européen » qui aurait, par exemple, la haine des Russes ? Et comme cette entité serait tout à fait artificielle dans ses bases historiques, elle n'en serait en réalité que plus dangereuse car beaucoup plus instable, ce que la suite de ce chapitre va démontrer. Les États sont des réalités juridiques complexes. Les nations sont des réalités anthropologiques encore plus complexes. Les États-nations comme la France sont le fruit d'une histoire millénaire dont les racines s'enfoncent loin dans le temps, les pierres et les âmes. Prétendre les faire disparaître en l'espace d'une génération humaine est une folie. C'est le péché d'orgueil qui condamne la « construction » européenne depuis le départ, mais c'est aussi le cœur de la menace européiste. Car les peuples n'ayant heureusement pas disparu, les frustrations et les tensions sont plus vives que jamais, et le risque existe d'une réaction brutale de ces derniers, surtout lorsqu'il leur apparaît que certains États, plus habiles que d'autres, ont trouvé le moyen d'exercer leur domination au travers de « l'Europe ».

En l'espèce, la domination économique et politique de l'Allemagne sur le continent, appuyée sur son arme première, l'euro, pose à cet égard d'immenses questions. Tout d'abord sur la viabilité à long terme de cette situation, qui pourrait parfaitement dégénérer en réactions de violence ; deuxièmement, sur la sincérité des élites politiques allemandes par rapport au « projet européen ».

« L'Europe pour l'Europe » que défend Emmanuel Macron sur le papier n'existe pas et n'existera jamais, et d'abord parce que les Allemands, mais d'autres aussi (n'oublions jamais qu'il y a vingt-cinq autres nations dans l'UE), penseront toujours que cela cache le projet d'une « Europe française ». La réalité est que nous évoluons aujourd'hui dans une Europe allemande et que, si les élites allemandes sont réticentes au zèle fédéraliste exprimé par Macron, c'est bien qu'elles craignent que leur domination en soit affectée. L'Allemagne ne consentira au grand saut fédéral que lorsqu'elle sera certaine d'en maîtriser les évolutions à moyen et long termes. Les élites européistes françaises, elles, parfaitement sincères dans leur renoncement à la France, sont déjà prêtes aux ultimes sacrifices, pressées d'agir tant que le peuple français somnole encore.

Les déséquilibres intrinsèques de l'Union européenne constituent une vraie menace pour la paix du continent. La réponse des européistes, toujours la même, à savoir « plus d'Europe » (comme d'autres réclamaient « plus d'URSS »), plus de fédéralisme, pour soi-disant plus de transferts de l'Allemagne vers les autres pays, ne ferait qu'aggraver le rapport de domination existant. Les peuples d'Europe ne veulent pas vivre de l'aumône de leurs voisins, ils ont leur fierté et, comme les individus, veulent simplement pouvoir vivre pour ce qu'ils font et ce qu'ils sont. Enfin, « l'Europe » est si peu la paix que lorsqu'elle a pris ces dernières années des positions de politique étrangère, cela a toujours été dans le sens de la guerre. Inutile de remonter bien loin, les exemples les plus récents sont les plus éloquents.

Il se trouve que la politique étrangère et la défense sont les deux derniers domaines régaliens pour lesquels les Traités européens laissent encore aux États les principaux leviers de commande, mais plus pour longtemps. Nous développerons plus bas les projets d'armée européenne et les nuages très sombres qui bourgeonnent à l'horizon de cette perspective.

Pour ce qui est de la politique étrangère, entendu que nous avons perdu la maîtrise de notre politique économique et commerciale (composante essentielle d'une politique étrangère globale), elle est de plus en plus un simple numéro de communication, que l'on voit se répéter à l'occasion des nombreux sommets, forums et rencontres où les chefs d'État européens, Macron en tête, font mine d'avoir encore de l'importance alors qu'ils ne décident plus grand-chose. À la différence de leurs homologues russe, chinois, indien, coréen, japonais, brésilien ou même égyptien, qui sont encore à la tête d'États souverains, nonobstant le poids politique très variable de ces derniers, les dirigeants des États européens ne sont que des comédiens. L'Union européenne, représentée par la Commission européenne ou par le Haut Représentant de l'Union pour les affaires étrangères, assiste d'ailleurs déjà, et parfois siège en son nom propre, dans de plus en plus d'organisations internationales (Conseil de l'Europe, OCDE, OSCE, CPI, G8, OMC, ONU, etc.), projetant à terme de se substituer aux États. Il est ainsi hautement probable que, d'ici quelques années, la France, toujours en avance sur les autres pour se sacrifier, proposera de partager puis de donner son siège de membre permanent au Conseil de sécurité de l'ONU à l'Union européenne. Je ne serais d'ailleurs pas étonné que cette proposition sorte prochainement du chapeau d'Emmanuel Macron en personne. En juin 2018, la chancelière Merkel l'a en tout cas déjà évoquée…

Les européistes, qui prétendent que « l'Europe, c'est la paix », n'ont donc eu de cesse ces dernières années de s'illustrer par leur bellicisme, s'alignant sur Washington et accompagnant les guerres américaines en Afrique du Nord et au Moyen-Orient. Les interventions dramatiques de Libye en 2011 ou de Syrie en 2018 l'ont toutes été avec le soutien actif des représentants de l'Union européenne et de ses partisans. « L'Europe », n'ayant pas encore les moyens de faire la guerre, encourage et influence les États dans leurs actions militaires, le plus souvent en lien avec l'OTAN, bras armé des États-Unis et première dimension de la « Défense européenne ». D'ailleurs, ceux qui proposent l'émergence d'une véritable Europe de la Défense ne l'envisagent pas autrement qu'en lien avec l'OTAN. Là encore, la rupture de vassalité avec les États-Unis n'est pas sérieusement envisagée, même si certains tentent de faire croire le contraire par leurs discours, conscients de l'antiaméricanisme et du pacifisme d'une partie des opinions publiques européennes.

L'autre dossier qui révèle les rapports très étranges de l'Union européenne avec la « Paix » concerne la Russie. L'hostilité farouche de l'Union européenne envers Moscou, qui a atteint son paroxysme lors de la crise ukrainienne de 2014, est inquiétante. L'UE s'est comportée comme une bête enragée. Cette attitude, surprenante lorsque l'on se prétend un acteur de paix, trouve ses origines là encore dans la politique d'alignement sur les États-Unis, dont l'objectif est d'isoler la Russie. Je n'ose imaginer ce qui aurait pu se passer si les institutions européennes avaient à l'époque de la crise ukrainienne été dotées d'une force militaire. D'ailleurs, Jean-Claude Juncker, président de la Commission européenne, a lui-même déclaré en mars 2015, au journal allemand *Welt am Sonntag* : « Une armée commune ferait comprendre à la Russie que nous sommes sérieux quand il s'agit de défendre les valeurs de l'Union. » C'est dire leurs ambitions de paix…

Au reste, bien que sans moyens militaires, la violence des européistes dans la crise ukrainienne n'a pas été que verbale. Tout d'abord, ils ont activement soutenu les mouvements ukrainiens les plus radicaux, ultranationalistes, voire néonazis, et violemment antirusses. Soudainement, le « nationalisme » tant honni ne gênait plus personne dans les couloirs de Bruxelles, alors qu'il s'agissait là de sa forme la plus extrême.

Les sanctions économiques décidées par l'Union européenne à la suite de la réintégration de la Crimée à la Russie, dans des conditions qu'il est légitime de critiquer mais qui, en aucune manière, ne pouvaient justifier ce qui a suivi, ont été catastrophiques… pour la France. La Russie ayant en effet répliqué en décrétant un embargo sur les produits agricoles en provenance de l'UE, c'est la France qui en a le plus souffert.

Ainsi l'Union européenne, déesse de la paix, s'est-elle révélée un acteur très dynamique de la guerre et de la déstabilisation du monde, livrée à la russophobie hystérique de certains pays d'Europe de l'Est, soumise aux intérêts stratégiques de Washington et sensible aux orgueilleux parmi ses adorateurs qui ont toujours rêvé lui voir jouer un rôle international propre, au-dessus et à la place des États.

Armée européenne : attention danger !

La politique de Sécurité et de Défense commune, telle qu'elle s'intitule dans le traité de Lisbonne, est celle qui organise ce qu'il est commun d'appeler la « Défense européenne ». Concrètement, elle vise à doter l'Union européenne de capacités propres d'intervention, officiellement pour « la paix ». Elle se veut complémentaire de l'OTAN et pour l'heure des moyens militaires des États.

La Défense européenne est un vieux serpent de mer qui, reconnaissons-le, a eu jusqu'à aujourd'hui plus de difficulté à avancer sur la voie du fédéralisme que d'autres politiques, notamment les politiques économiques. Les raisons en sont multiples. D'une part, l'existence de l'OTAN, qui remplit déjà la fonction de « défenseur militaire de l'Europe » ; d'autre part, le fait que plusieurs pays européens sont historiquement pacifistes, ou plus exactement « neutres », tels que l'Irlande, le Danemark ou la Finlande ; enfin, le souci d'autres États de simplement préserver leur ultime souveraineté, ce qui était, je dirais jusqu'à Jacques Chirac, le cas de la France. Ainsi, depuis le rejet de la Communauté européenne de défense (CED) par le Parlement français en 1954, la perspective finale d'une armée européenne commune a mis du temps à réémerger. Mais c'est chose faite aujourd'hui, et l'on peut dire que le temps a été largement rattrapé.

Lorsque le président de la Commission européenne évoque lui-même cette idée d'armée européenne en 2015, il sait ce qu'il dit et ce qu'il fait. Il sait le signal qu'il envoie aux européistes. Depuis lors, les déclarations diffuses allant dans ce sens se sont multipliées un peu partout, contribuant à installer l'idée dans les opinions publiques du continent. En juin 2017, c'est un haut fonctionnaire allemand, et pas l'un des moins initiés, Hans-Peter Bartels, chargé des relations entre le Parlement allemand et l'armée allemande, qui a déclaré cette évidence pour qui prend conscience du projet européen global : « À la fin, il y aura une armée européenne. » « À la fin », trois mots et tout est dit.

L'armée européenne est en effet l'ultime étape. Celle après laquelle il n'y aura plus de possibilité de retour pacifique à la démocratie. Surtout, c'est l'étape après laquelle le très pervers concept de « souveraineté européenne » prendra un sens effectif et véritable. Faute de légitimité démocratique et populaire, l'Europe ne pourra exercer la souveraineté qu'elle revendique que par la force. Or la force, qu'elle soit militaire ou policière, est la dernière chose qui manque à l'UE pour s'émanciper définitivement des États, en exerçant à leur place la quasi-totalité des compétences qui leur étaient jusqu'alors dévolues.

Lorsque Emmanuel Macron évoque la création d'une « force commune d'intervention européenne pour 2020 », c'est-à-dire la création d'un embryon d'armée européenne, avec ses propres équipements et sa propre structure de commandement, il le rapproche lui-même de son concept de « souveraineté européenne ». La question que les Français doivent se poser est donc très simple : « À qui obéira cette armée européenne ? », « À quel pouvoir politique, émanant de quelle volonté populaire ? ». Dans un premier temps, on la fera dépendre d'une décision unanime du Conseil européen (c'est-à-dire les chefs d'État), puis on passera comme d'habitude le vote à la majorité simple, au nom de « l'efficacité », et enfin, lorsque la fédéralisation sera achevée, elle sera soumise à la seule autorité suprême, c'est-à-dire la Commission européenne ou ce qui lui succédera.

Encore une fois, confier toutes les compétences d'un État à l'Union européenne, alors qu'il n'y a pas de peuple européen, pas d'intérêt unique européen à défendre, c'est construire une créature de Frankenstein, un monstre dont les outils ne peuvent que se retourner contre les peuples, déjà largement négligés et méprisés. Comment d'ailleurs définir l'« intérêt européen » ? Aujourd'hui, « l'intérêt européen » n'est que celui de l'État dominant, l'Allemagne, et celui des entités gagnantes de la mondialisation dont l'UE est l'un des moteurs : la finance et les multinationales. Nous parlons donc concrètement de confier une « armée européenne » soit à l'Allemagne devenue hégémonique, soit aux pires agents privés de la mondialisation : effrayant dans les deux cas.

Je l'affirme et je pèse mes mots : l'Union européenne étant une technocratie non démocratique, la doter d'une armée la transformerait immanquablement en un régime dictatorial. L'usage qu'elle en fera, au nom de la « paix », sera oppressif, soit contre des États qui voudraient se libérer de son joug, soit pour mater des révoltes populaires.

Encore que, si elle est intelligente, elle laissera cette basse œuvre aux résidus restant des États.

En tout état de cause, tout se fera avec la complicité des élites politiques qui organiseront dans chaque pays les ultimes transferts de souveraineté.

L'expérience est là, les européistes savent y faire et, en la matière, l'extrême a déjà été atteint : effacer le résultat des référendums (France et Pays-Bas 2005, Irlande 2008, Grèce 2015, etc.). Les élections ne sont quant à elles déjà plus un problème ; les gouvernements ayant été dépouillés de leurs pouvoirs, les majorités démocratiques sont soit condamnées à suivre de leur plein gré les politiques européennes, soit condamnées à se renier, donc à faire preuve d'impuissance, ce qui détourne naturellement les citoyens des urnes, ces derniers ayant à juste raison l'impression que « rien ne change ». D'où la nécessité d'un Frexit assumé devant les électeurs.

Pour rendre la perspective d'une armée européenne de plus en plus inévitable, un grand mouvement de fusions au sein de l'industrie européenne de l'armement a été lancé, lésant très gravement les intérêts stratégiques et industriels de la France.

C'est le sens de tous ces « Airbus » de l'armement que le président Macron se flatte de bâtir, à la suite de ce qu'ont déjà entrepris ses prédécesseurs : un « Airbus de la mer » avec les Italiens (projet de fusion de Naval Group, ex-DCNS, avec l'italien Fincantieri), un « Airbus de l'armement terrestre » (fusion déjà effective de Nexter, fabriquant des chars Leclerc, et de l'allemand KMW au sein de l'ensemble KNDS – dont le siège est à Amsterdam). Le successeur du Rafale sera « européen », s'est enthousiasmé Macron. Bref, comme avec EADS (maison mère d'Airbus), la France livre à ses voisins sa dernière industrie de pointe et son avance technologique au nom de « l'Europe », au nom du « rêve carolingien »...

Ce qui est dramatique dans toute cette affaire, c'est que si, comme nous le croyons, le projet européiste finit par s'écrouler, tant ses bases sont artificielles, alors la France se sera fait avoir de bout en bout sans aucun retour positif pour elle ; à l'inverse, si le projet aboutit, alors la France aura disparu et la défaite sera totale.

En d'autres termes, les gouvernements français oscillent depuis dix ans entre irresponsabilité et trahison de nos intérêts.

Il est donc absolument vital de ne pas permettre la disparition de notre industrie nationale de défense, composante majeure de notre indépendance stratégique. Le temps est compté. L'avance technologique que nous avions mis des décennies à bâtir, sur la base d'une vraie vision d'avenir remontant au général de Gaulle, peut disparaître en quelques années. Les Allemands, en retard sur nous, ont tout intérêt à participer dans un premier temps à ce mouvement.

Ces derniers, je le crois, sont encore conscients de leurs intérêts nationaux ; pour preuve, ils savent toujours s'y prendre pour accaparer le contrôle des structures qu'ils montent avec les Français. Cela se vérifie au niveau des institutions européennes, avec la mainmise allemande sur les postes clés, et surtout par l'existence d'une véritable solidarité nationale entre les hauts fonctionnaires européens de nationalité allemande et le gouvernement allemand ; cela se vérifie aussi dans l'industrie et la vie économique, les Allemands prenant de fait le contrôle des sociétés officiellement montées à parité avec les Français. Je n'évoquerai pas une nouvelle fois le très révélateur rachat du TGV (branche transport d'Alstom) par l'allemand Siemens...

En conclusion, je crois bien que le rêve fédéraliste de Macron achoppera sur la réalité nationale allemande. Mais pouvons-nous faire reposer nos espoirs sur les seules incertitudes d'un ou plusieurs pays tiers ? D'autant qu'en Allemagne aussi des européistes zélés veillent. Non, Les Patriotes doivent se battre pour le Frexit, de manière active et proactive, au nom des intérêts supérieurs de leur pays, au nom de la paix véritable, au nom de la démocratie ; mais ils doivent plus encore identifier et anticiper tous les ravages causés par l'Union européenne qu'ils auront la responsabilité de corriger une fois arrivés au pouvoir.

Sortir de l'UE pour entrer dans le monde

« Les grands pays le sont pour l'avoir voulu »
Charles de Gaulle.

Des milliers de touristes, français ou étrangers, arpentent chaque jour la célébrissime avenue des Champs-Élysées, à Paris. Au niveau de la place Clemenceau, non loin du Grand Palais, se trouve une immense statue du général de Gaulle qui, posée sur son socle, dépasse les sept mètres de haut. J'invite chacun à s'y arrêter et à méditer sur la citation inscrite sur le flanc du monument tourné vers l'Étoile. Vous pourrez y lire : « Il y a un pacte vingt fois séculaire entre la grandeur de la France et la Liberté du monde. » Cette phrase, merveilleuse, prononcée par de Gaulle en 1941, ne doit pas être comprise comme un simple constat historique mais comme une profession de foi pour l'avenir : la France a un rôle à jouer dans le monde, un rôle spécial, un rôle de premier rang.

Ceux qui dépeignent le Frexit comme un acte d'isolement, de « rabougrissement », de renfermement sur soi, n'ont pas compris à ce qui motive Les Patriotes. Nous croyons, nous, à la vocation mondiale de la France et il nous apparaît clair que c'est notre position actuelle dans l'Union européenne qui coupe la France du reste du monde, l'enfermant sur l'Europe, le nez toute la journée sur Bruxelles et Berlin.

À l'heure de la modernité technologique, alors qu'il est possible de rejoindre n'importe quel point du globe en moins de vingt-quatre heures – remarquons au passage que l'un des points les plus éloignés de France métropolitaine n'est autre qu'un autre bout de France, la Polynésie française –, rien ne justifie que l'on s'enferme sur un seul continent. Il est aussi aisé techniquement de communiquer avec la lointaine Nouvelle-Zélande qu'avec la Belgique frontalière. Dès lors, la proximité géographique ne saurait être un critère pertinent de fusion politique.

Les peuples d'Europe, et c'est la richesse de ce continent, sont tous très différents, de langue et de culture. Vouloir les fusionner dans un même bloc informe n'a aucun sens ; sans cohérence ni cohésion, un ensemble européen fédéralisé ne parviendra jamais aux rêves dérisoires de puissance auxquels se livrent naïvement les européistes. Le résultat de leur entreprise ne pourra être que l'autodestruction du continent tout entier, par le dépérissement de ses nations, et donc sa sortie de l'Histoire ; c'est pourquoi il y a urgence à s'en détourner.

Le Frexit sera une belle aventure collective, à même de redonner de l'optimisme à la nation tout entière. Je suis persuadé que l'année qui suivra le Frexit nous semblera une décennie, tant les choses changeront vite et positivement pour les Français. La liberté est le plus puissant des carburants pour le mouvement d'une nation !

Il y aura tant de choses à faire, tant de conquêtes à entreprendre dans tous les domaines, tant de sens à réinsuffler dans toutes nos politiques ! Nul n'aura le temps de pleurer sur les décombres de l'Union européenne. Cet optimisme qui soufflera sur les esprits, avant même les bienfaits très concrets d'une monnaie nationale retrouvée, sera le premier moteur de la croissance et du dynamisme économique.

Je pense que le mal-être collectif de notre temps, que chacun peut parfois ressentir, ayant cette impression diffuse que quelque chose ne tourne pas rond dans notre pays, n'est que le résultat d'un manque de France.

Les Français aiment la France ; et même si les élites de notre pays cherchent à diminuer la confiance que l'on pourrait avoir en elle, les instincts du peuple français sont bien trop solides pour y céder complètement. Le génie français n'est pas mort et ne demande qu'à fleurir ; la fin de l'Union européenne lui ouvrira les portes de l'avenir, c'est-à-dire de la vie.

Avec le Frexit, la France renouera avec son destin mondial. Car le monde, lui, n'a pas oublié ce qu'est la France. D'ailleurs, le monde n'imagine pas qu'elle puisse disparaître.

Il faut toujours garder à l'esprit que l'Union européenne, dont la perception par les peuples européens eux-mêmes est très brumeuse, n'est absolument pas une réalité intégrée par les autres peuples de la planète. L'UE est un ovni institutionnel. Revers de la médaille, l'UE n'est pas non plus perçue dans toute son horreur et beaucoup, en France et ailleurs, ne s'en méfient pas ou pas assez.

La France n'est pas qu'une nation européenne, elle est une nation mondiale dont le territoire s'étend à travers tous les océans et tous les continents. À cet égard, un département comme la Guyane représente une extraordinaire exception française. Contrairement à ce que croyait Emmanuel Macron, la Guyane n'est pas une île mais une terre continentale, grande comme un petit État. De fait, la France peut être considérée, aussi, comme un pays d'Amérique du Sud (je le répète : notre plus grande frontière terrestre est avec le Brésil). Aucun autre pays du monde ne peut revendiquer une telle singularité géographique. La France est bien sûr, d'abord, un pays d'Europe, mais nous ne devons pas limiter notre esprit à ce continent, pas plus que nous ne devons oublier que nous sommes un pays maritime avec des territoires insulaires sur tous les océans du globe, conférant à notre pays, selon la méthode de calcul, la première ou la deuxième Zone économique exclusive (ZEE) du monde, sur plus de 11 millions de km^2.

Nous avons donc des intérêts très spécifiques à défendre, une civilisation à porter, une culture à faire rayonner. La France est de dimension mondiale, et elle se doit d'assumer cette réalité politique, historique et géographique. Sortir de l'Union européenne, c'est entrer dans le monde !

La France doit initier cette nouvelle vision du monde, lequel ne doit pas se diviser en blocs régionaux artificiels qui se feraient face, mais trouver son équilibre dans sa réalité, c'est-à-dire dans une multitude d'États et de peuples. La coopération mondiale doit être le nouvel objectif de nos États indépendants et souverains, dans une compétition qui serait pour eux dynamisante et source de progrès. À vouloir s'uniformiser de manière dogmatique, l'Union européenne a éteint progressivement la créativité des peuples d'Europe, rattrapés par des pays d'Asie qui, eux, tout en échangeant intensément, ont conservé leurs États et sont toujours stimulés par cette course internationale (littéralement entre les nations).

J'explique souvent aux Français que je rencontre au gré de mes déplacements qu'il faut cesser de s'étonner de notre désindustrialisation et de notre recul dans l'économie mondiale quand, *a fortiori*, nous ne négocions plus nous-mêmes nos règles commerciales et que nous n'avons plus les outils monétaires adaptés à notre économie. Les Français doivent comprendre que si la France ne défend pas bec et ongles ses intérêts économiques, personne ne le fera à sa place. Je l'ai écrit plus haut, l'Europe défend les intérêts « européens », c'est-à-dire les intérêts de l'Allemagne et des grands acteurs privés de l'économie mondiale. C'est pourquoi nous ne cessons de perdre sur tous les tableaux. Que pèsent, par exemple, les plaintes de nos agriculteurs dans les négociations UE-Mercosur ? Rien. D'une part parce que le gouvernement français n'est simplement pas présent pour défendre leur cause dans la négociation (ce pouvoir étant la compétence exclusive de la Commission), d'autre part parce que de puissants lobbies font valoir, eux, les intérêts de quelques multinationales, et que ce sont elles que sert l'Union européenne avec ses projets de libre-échange sans limites.

Le premier intérêt du Frexit sera donc de retrouver notre souveraineté commerciale, ce qui nous permettra de renégocier des accords intelligents avec tous les pays du monde.

Dans le cas des pays d'Europe, le simple fait de retrouver une monnaie nationale suffira à rééquilibrer les rapports économiques et à maintenir les conditions d'un commerce libre. Ceci ne doit pas cependant nous interdire, secteur par secteur, en cas de déséquilibres importants ou d'intérêts stratégiques majeurs à préserver (je pense à l'agriculture) d'adopter, y compris, donc, vis-à-vis de nos voisins européens, des mesures de protection intelligentes.

Avec le reste du monde, l'esprit sera le même, guidé par l'intérêt supérieur de la France. Et comme dans toute négociation, nous pèserons le pour et le contre, sans œillère idéologique, mais au moins nous ne subirons plus.

Nous regarderons notre balance commerciale, qui doit être équilibrée avec nos principaux partenaires économiques, condition *sine qua non* d'un commerce sain, et agirons en conséquence.

Par ailleurs, la protection de l'environnement et le développement équitable de tous les territoires, objectifs vitaux pour l'équilibre de la planète et des hommes, devront nous inciter à encourager les circuits courts et donc à réduire les échanges inutiles et lointains.

La France dispose toujours du deuxième réseau diplomatique de la planète. Elle part donc avec un atout considérable dans le monde post-Union européenne qui ne manquera pas d'arriver. Les Britanniques sont en train de l'expérimenter aujourd'hui, négociant des dizaines d'accords commerciaux à travers le globe. Ils redécouvrent à ce propos les bienfaits des liens privilégiés qu'ils entretiennent avec les pays du Commonwealth, comme nous avons la Francophonie.

La tâche ne doit pas effrayer, la France est parfaitement armée pour se défendre elle-même ; elle a à son service les administrations et les fonctionnaires qu'il faut. Rien n'est plus exaltant que de travailler au bien de son pays.

Surtout, la France va pouvoir redevenir la puissance d'équilibre qu'elle n'aurait jamais dû cesser d'être. Le Frexit va redonner sa singularité à la voix de la France. Elle ne sera plus suspecte d'être un relais des intérêts américains ou l'écho d'une voix incomplète devant rendre compte à ses voisins ou composer avec les institutions européennes. La politique étrangère de la France sera dictée par ses intérêts globaux, qui ne se confondront plus avec ceux contradictoires de Bruxelles, Berlin ou Varsovie.

Quant à sa politique de coopération dans les domaines scientifiques et de l'éducation, elle va enfin pouvoir s'internationaliser comme je l'ai écrit plus haut, notamment avec les pays d'Asie qui sont en train de dépasser les États européens qui, pour beaucoup, sous l'effet de l'austérité bruxelloise, ont sabré leurs crédits publics de recherche.

À ce sujet, il fut là encore se défier des mensonges européistes qui expliquent que sortir de l'Union européenne c'est par exemple sortir de l'Agence spatiale européenne (ASE) ou d'Erasmus. Rien n'est plus faux. L'ASE (plus connue sous son acronyme anglophone : ESA) est une agence intergouvernementale qui n'est pas liée juridiquement à l'Union européenne. D'ailleurs, ses membres ne sont pas tous membres de l'UE (Norvège et Suisse), et inversement, certains pays de l'UE ne sont pas membres à part entière de l'ASE (Lituanie, Bulgarie,

Croatie, etc.). Erasmus, lui, est un programme plus intimement lié à l'Union européenne mais qui néanmoins est ouvert à d'autres pays (trente-trois États y participent). On pourrait donc parfaitement envisager un maintien de la France dans ce programme une fois le Frexit entériné, et ce même si l'UE disparaît conséquemment. En effet, il est raisonnable d'envisager qu'Erasmus fera partie des quelques programmes sauvegardés dans l'Europe post-Union européenne, et si tel n'était pas le cas, eh bien, il suffira d'en monter un nouveau. Soyons d'ailleurs inventifs et envisageons en parallèle un Erasmus de la francophonie, pour faire vivre les solidarités de la langue française dans le monde.

Ce qu'il faut comprendre c'est que le monde ne s'arrêtera pas lorsque nous quitterons l'Union européenne, bien au contraire, il redémarrera ! Ce chantage à la « fin du monde », autre variante de « l'Europe, c'est la paix », a été fait aux Britanniques lors de la campagne du Brexit ; aujourd'hui, même les européistes de plus mauvaise foi admettent qu'il n'en est rien.

Le général de Gaulle disait : « Les grands pays le sont pour l'avoir voulu. » Les Patriotes ont cette volonté pour la France, qui a les atouts pour être cette grande puissance d'équilibre, essentielle pour la paix et le progrès du monde.

Le peuple de France doit donc retrouver son ambition nationale, pour que dans cent ans ses enfants et petits-enfants puissent encore s'appeler « Français ». Des « Français libres ».

Sauvons la planète, pas l'Union européenne !

Aujourd'hui, tous les hommes politiques se disent écolos. Emmanuel Macron a même fait un de ses premiers coups d'éclat internationaux en se posant en grand défenseur de l'environnement. Son appel aux chercheurs du monde entier sous le slogan *Make our planet great again*, en écho à celui de Trump pendant la présidentielle américaine, a été abondamment relayé. Pourtant, peu de gens se sont demandé si cet appel s'inscrivait dans une politique cohérente ou s'il ne s'agissait, encore une fois, que d'un coup de com habile mais creux. Et encore moins ont pris en compte le problème de l'appartenance de la France à l'Union européenne pour juger de la crédibilité de ces grandes déclarations pompeuses. En ce qui me concerne, je me méfie toujours des trop beaux discours, je préfère regarder les actes.

Or, que fait Macron ? Et à quoi est-il contraint par le cadre de l'Union européenne, dans lequel il s'enferme avec joie ? Eh bien, à faire exactement le contraire de ce que son slogan prône. À croire qu'il ne l'a pas vraiment compris et que cette phrase en anglais n'est là que pour faire joli...

En effet, l'Union européenne est par construction l'ennemie de l'écologie. Son logiciel de base est clair : amplifier les échanges commerciaux et faire disparaître les frontières pour permettre au commerce de prospérer toujours davantage (sans résultat d'ailleurs puisque la part de marché de la France dans le monde ne cesse de décliner, en particulier depuis l'euro).

Dans cette optique, l'UE a créé un marché unique à l'intérieur et obtenu la prérogative exclusive de gérer le commerce avec les pays extérieurs ; elle multiplie donc les traités de libre-échange et refuse à ses États membres le droit de limiter ou de contrôler les échanges de biens à l'intérieur du marché unique. La libre circulation des biens et des personnes est un de ses piliers fondamentaux. L'idée que toute barrière doit être abolie et que le commerce doit être absolument libre est au cœur de la construction européenne (les fondateurs pensaient ainsi garantir la paix – et se trompaient lourdement).

Parmi les traités internationaux que la Commission européenne négocie désormais seule au nom de tous les États membres, celui entre l'UE et les États-Unis semble mal en point depuis l'élection de Donald Trump, mais celui avec le Canada (le CETA) a été mis en application dès le 21 septembre 2017, avant même d'être ratifié par les différents pays (ce n'est jamais qu'un scandale démocratique de plus). Depuis, les négociations se développent : avec le Japon, la Nouvelle-Zélande, l'Australie, les pays d'Amérique latine réunis au sein du Mercosur...

Et tout cela, sans en référer aux États européens et encore moins aux peuples.

C'est ainsi que le président de la République a fait un voyage quelque peu surréaliste en Australie début mai 2018. La France n'est plus en mesure de négocier quoi que ce soit de commercial directement avec l'Australie, seule l'Union européenne a la compétence pour établir un accord. Le chef de l'État ne pouvait donc rien discuter de concret avec le gouvernement australien et il a dû se contenter d'une pure visite de courtoisie. La seule chose qu'on retiendra de ce déplacement est qu'il se sera pris les pieds dans le tapis en voulant à tout prix s'exprimer en anglais, qualifiant l'épouse du Premier ministre australien de *delicious*, adjectif anglais qui ne se réfère normalement qu'à la nourriture et ne s'emploie pour une femme que dans un contexte nettement plus intime que celui d'une visite officielle…

En attendant, les choses sérieuses sont décidées par l'Union européenne, sans même que l'exécutif français soit tenu au courant en temps réel ! L'UE est prise d'une frénésie de libre-échange, encore renforcée par l'élection de Trump car les eurocrates croient s'affirmer ainsi face à l'Amérique. Or ces accords nuisent considérablement à la planète. On transporte en effet de plus en plus de marchandises sur des milliers de kilomètres, sans aucune raison valable. Pourquoi importer en France de grandes quantités de bœuf canadien ou argentin, de mouton néo-zélandais ? On sait que la production de viande émet en soi beaucoup de CO_2. Il est totalement aberrant d'aggraver la situation en favorisant un commerce qui nécessite un long transport et qui va ruiner les producteurs français, pourtant parfaitement capables de répondre à la demande intérieure. Il ne s'agit pas de créer de la véritable richesse mais de l'activité artificielle qui n'enrichit que les intermédiaires, achetant et revendant les produits pour parfois même spéculer sur leur valeur.

La complexité des circuits de vente et de revente nuit à la traçabilité et permet à des personnes malintentionnées de faire un profit immense, aux dépens des producteurs et des consommateurs. Les exemples de scandales abondent. On se souvient comment, en 2013, on a découvert une fraude d'ampleur colossale qui a permis à des industriels peu scrupuleux de vendre à des millions de consommateurs de la viande de cheval en la faisant passer pour du bœuf. Le circuit parcouru par cette viande est intéressant, tant il montre que l'ouverture des frontières entraîne un bilan carbone désastreux et une traçabilité calamiteuse. Accrochez-vous bien. Les chevaux étaient abattus en Roumanie. La viande, achetée par une société néerlandaise basée à Chypre y était envoyée, avant d'être entreposée aux Pays-Bas. De là, elle était vendue à une société française, Spanghero, qui la conditionnait avant de la revendre à un préparateur au Luxembourg qui fournissait les entreprises de plats préparés comme Findus… Sans jamais quitter l'Union européenne, la viande parcourait ainsi des milliers de kilomètres inutiles et les étiquettes pouvaient valser au passage sans que personne ne s'en rende compte ! Dans cette affaire, il n'y a pas eu de risque sanitaire, juste un profit malhonnête, mais ce n'est pas toujours le cas.

Des scandales mettent régulièrement en lumière le danger que ce commerce à tout prix fait peser sur notre santé. Au Brésil, en 2017, la police a mis au jour un vaste réseau de corruption dans le secteur agroalimentaire : les industriels payaient des inspecteurs pour obtenir les certificats nécessaires et vendaient ainsi de la viande avariée dans le monde entier. Au sein même de l'Union européenne, à l'été 2017, éclate le scandale des œufs au Fipronil. Il a suffi qu'une seule société néerlandaise distribue ce produit interdit à des élevages de poules pondeuses en Belgique, aux Pays-Bas et en Allemagne pour que des produits soient contaminés dans ces trois pays, bien sûr, mais aussi en France, au Royaume-Uni, au Danemark, en Hongrie, en République tchèque, en Slovaquie, en Italie, en Bulgarie, à Malte, ainsi qu'en dehors de l'Union européenne, en Suisse, en Norvège, à Hong-Kong et à Taïwan. Les autorités ont peu à peu déroulé les filières commerciales concernées et cela s'est fait avec une lenteur inquiétante. On s'aperçoit que l'ouverture des frontières et des marchés agricoles et alimentaires a entraîné une accélération du commerce et une augmentation des profits pour certains industriels mais que les risques de fraude sont considérablement aggravés parce que les autorités sanitaires n'ont pas les moyens de suivre ce rythme, surtout sans l'aide des contrôles douaniers, et que le grand nombre des intermédiaires nuit à la traçabilité.

C'est le genre de circonstances où je me souviens que, dans l'Antiquité, Hermès, le dieu des commerçants, était aussi celui des voleurs…

La solution miracle des européistes est bien sûr de proposer une autorité européenne de plus pour assurer les contrôles. Comme à chaque fois, l'Union européenne crée des problèmes et propose pour les régler qu'on lui accorde plus de pouvoir ! Ça n'a jamais marché et tout indique que ça ne marchera jamais.

Mais, ce que montre le scandale des œufs au Fipronil, c'est aussi le problème lié à la condition animale. En effet, ce produit était destiné à lutter contre les parasites qui infectent les poules pondeuses. C'est parce qu'elles sont élevées dans des conditions épouvantables, littéralement entassées les unes sur les autres, que les parasites prolifèrent si facilement. Régulièrement, des associations diffusent sur Internet des vidéos tournées dans ces élevages : les images sont insoutenables tant la souffrance des animaux est palpable. Rien ne nous oblige à continuer ces pratiques indignes si ce n'est la loi du Saint-Marché à laquelle notre appartenance à l'UE nous soumet. Les producteurs plus respectueux du bien-être animal ne peuvent pas aligner leurs prix sur ceux des industriels de l'élevage. Lorsqu'ils le peuvent, les consommateurs n'hésitent pas à payer un peu plus cher leurs œufs, leur lait ou leur viande afin de défendre des modes d'élevage plus sains pour les animaux, plus rentables pour les agriculteurs, et qui donnent d'ailleurs des produits de meilleure qualité. Mais sans action législative, cela ne suffit pas à enrayer la recherche du moindre coût aux dépens des animaux. Aujourd'hui, un animal peut naître dans un pays, être élevé dans un deuxième, abattu dans un troisième et sa viande vendue dans plusieurs autres. Le transport d'animaux vivants est pourtant un véritable supplice pour ceux-ci et les conditions de voyage dans les navires qui emportent le bétail de la France vers les pays du Maghreb ou du Proche-Orient sont exécrables. Nous sommes tous sensibles à la cause animale, aux Patriotes. Il ne s'agit pas pour nous d'une question accessoire. Elle s'inscrit en effet dans une conception globale, où nous cherchons le bien commun et le respect pour les hommes comme pour la nature là où le modèle du tout-libéral a mis au centre le profit et voit toute intrusion de l'éthique comme un obstacle qu'il regrette de ne pas toujours pouvoir éviter.

L'Union européenne, soumise à la pression des lobbies, ne peut pas sortir de ce modèle du tout-libéral, gravé dans le marbre de ses traités depuis les origines. On constate même qu'elle ne fait rien pour faciliter l'information claire et complète des consommateurs. Le Nutri-Score, censé indiquer clairement la qualité nutrionnelle des produits ? Pas obligatoire. L'indication de provenance ? Absente pour les produits transformés et souvent contournée par les industriels : quand je fais mes courses, je suis obligé de retourner les paquets pour traquer l'information et je repose systématiquement tous ceux où il est indiqué « en provenance de divers pays de la communauté européenne et hors communauté européenne ». Cette indication est clairement une façon de se moquer du client. Elle revient à dire que le produit a pour origine la planète Terre. On s'en doutait un peu, merci ! On n'est pas dans *Star Wars* : signaler la planète d'origine, ce n'est pas ce qui s'appelle informer le consommateur…

Mais le système européen a sa cohérence : sa priorité, c'est de favoriser le commerce. Les conséquences de cette priorité donnée à l'activité commerciale sont inévitables : allongement des circuits jusqu'à l'absurde, souffrance supplémentaire infligée aux animaux, risques de fraude élevés, produits de faible qualité. La seule agriculture qui résiste à la pression du commerce est celle qui adopte les pires méthodes d'élevage et de culture, afin de baisser les coûts avec le moins de considération possible pour d'autres paramètres.

Face à cette situation, la France est impuissante et regarde mourir ses agriculteurs sans pouvoir interdire ne serait-ce qu'un herbicide : Macron, tout Jupiter qu'il se prétend, n'a rien pu faire contre le glyphosate… C'est à Bruxelles que tout se décide et Bruxelles se moque bien de défendre une agriculture de qualité et de proximité. La seule chose qui compte, c'est que ça circule et que ça en enrichisse quelques-uns.

Nous devons changer de modèle et cesser les demi-mesures et les aides ponctuelles qui ne résolvent rien sur le long terme. Il faut assumer ce que nous voulons : des exploitations agricoles à taille humaine et non des fermes de mille vaches, le recours à des méthodes biologiques et naturelles et non l'emploi massif de pesticides et d'OGM produits par de grandes multinationales américaines, la possibilité pour nos agriculteurs de vivre de leur travail et non de subventions (qui sont d'ailleurs menacées d'une forte baisse dans le prochain budget prévu par la Commission européenne). Ce modèle que je prône est tout aussi cohérent que celui que nous impose l'UE. La différence, c'est qu'il permet à chacun de s'en sortir sans détruire la planète alors que le tout-libéral promu à Bruxelles a des conséquences funestes. Mais cela suppose que notre agriculture soit protégée de la concurrence déloyale de pays autorisant les pratiques que nous souhaitons interdire.

Avec mes collègues au Parlement européen, et particulièrement Mireille d'Ornano, nous menons le combat contre les néonicotinoïdes, ces produits chimiques qui sont présents dans tant de pesticides et qui tuent nos abeilles par milliers. Il a fallu des décennies pour que l'Union européenne daigne en interdire certains. Une fois libérée du carcan européen, la France pourra tous les interdire et, en interdisant les importations de produits issus de cultures autorisant ces substances, elle pourra contribuer à faire renoncer à leur usage partout dans le monde. Sauver les abeilles n'est pas un combat folklorique. Ces insectes sont essentiels à la pollinisation. Beaucoup de scientifiques estiment même que, sans elles, l'humanité n'aura plus que quelques années à vivre ! N'attendons plus.

Cela est impossible au sein de l'Union européenne, pour qui la priorité absolue restera toujours l'ouverture de toute frontière et non la mise en œuvre d'une stratégie au long cours pour offrir aux citoyens une nourriture de qualité tout en préservant l'environnement. La notion de circuit court, essentielle dans le nouveau mode d'agriculture et de production que nous devons instaurer pour sauver la planète, est tout simplement incompatible avec le libre-échange et l'obsession de Bruxelles pour le commerce lointain.

L'Union européenne repose sur une conception économique de longs trajets dans l'espace et de court terme dans le temps. C'est exactement le contraire de ce qu'il faut faire. Pour gérer intelligemment les ressources naturelles et assurer à chacun une vie stable et sereine, il est indispensable de favoriser les circuits courts dans l'espace et la vision au loin dans le temps. L'ADN même de l'UE est donc incompatible avec une écologie raisonnée.

Ce temps long, par exemple, c'est ce dont nous avons besoin pour réaliser la transition énergétique. Or, le secteur privé soumis à un stress concurrentiel mondial et intense ne peut pas envisager son avenir plusieurs décennies à l'avance. Le monde manque cruellement d'investisseurs de long terme, confiants dans leur capacité à exister encore dans cent ans et donc capables d'investir pour une telle durée. Il me semble évident que le meilleur investisseur de long terme, c'est l'État. Même si des bouleversements historiques peuvent toujours se produire, l'État a une espérance de vie bien plus solide que n'importe quelle entreprise, et surtout un État comme la France, qui a survécu à bien des aléas et a montré au fil des siècles sa capacité à s'adapter et à relever les défis.

Aujourd'hui, notre défi, c'est la protection de notre planète. Or, dans l'Union européenne, nous sommes impuissants car elle interdit à l'État d'avoir l'attitude nécessaire. Bien pire, Bruxelles exige des décisions absurdes de la part de la France. La dernière lubie des eurocrates, c'est la libéralisation et la privatisation progressive des barrages hydrauliques ! Il s'agit d'un non-sens absolu. Un barrage est une infrastructure lourde et dangereuse, qui demande un entretien scrupuleux. Il est naturel que sa construction et sa maintenance soient financées par l'État et il est normal que l'État garde la main dessus. Au nom d'une idéologie déconnectée, sans penser un instant au bien commun, on s'apprête à désorganiser un système qui fonctionne très bien. Encore une fois, on demande aux Français de payer pour des infrastructures tout en les privant du bénéfice de leur exploitation. Le risque pour leur sécurité est également très grand. Les ruptures de barrage sont toujours des catastrophes d'ampleur avec de nombreuses victimes. Celle que nous avons connue en France à Malpasset en 1959 a causé quatre cent vingt-trois morts. Elle nous rappelle que le danger est réel et qu'il faut donc que la gestion des barrages soit soumise à un seul impératif : la sécurité. Il n'est pas acceptable d'y introduire les notions de rentabilité à court terme et de maximisation des profits. Et cela est d'autant plus vrai que les barrages, à long terme, sont rentables et sont donc des investissements idéaux pour l'investisseur de long terme qu'est l'État.

Maximiser les profits sans tenir compte d'autres critères, c'est ce qui amène aujourd'hui l'Allemagne à développer l'exploitation du lignite. C'est la forme de charbon la plus polluante. Profitons-en pour noter au passage que la construction européenne a commencé par gérer en commun le charbon et l'acier et que, soixante ans après, si le charbon et l'acier allemands prospèrent, ces productions ont pour l'une disparu et pour l'autre considérablement souffert en France…

Il faudrait au contraire adopter une attitude beaucoup plus responsable et lancer un grand programme de recherche et d'investissement pour sortir des énergies fossiles.

Si l'on veut se passer totalement du pétrole, du gaz et du charbon pour préserver le climat, on ne peut évidemment pas se contenter des seules énergies renouvelables qui produisent de l'électricité de manière intermittente. Il faudra continuer à produire de l'électricité nucléaire, nécessaire à la stabilité de notre production et donc de notre consommation d'électricité. Au surplus, vouloir sortir au même moment des énergies fossiles et du nucléaire, c'est faire face simultanément à de grands défis énergétiques et prendre ainsi un risque qu'un homme d'État ne doit pas prendre pour la France. Les énergies renouvelables serviront, elles, essentiellement, à la production d'hydrogène, carburant de demain qui se substituera avec l'électricité au pétrole, au gaz et au charbon. Les voitures à hydrogène sont déjà prêtes, la technologie est au point.

En clair, toutes les solutions techniques pour se passer de l'essentiel des énergies fossiles existent. Il ne manque plus qu'un État stratège pour les mettre en œuvre, de concert avec les entreprises privées. Ceci est malheureusement prohibé par l'UE qui interdit toute politique industrielle. Les besoins d'investissements pour une telle révolution industrielle sont immenses et doivent être envisagés sur du long terme (vingt à trente ans) : 1 000 milliards d'euros pour se passer des 60 milliards d'euros d'énergies fossiles importées chaque année. Le secteur privé ne peut bien évidemment pas travailler sur un horizon de temps aussi long et n'a pas les capacités financières suffisantes. Cela nécessite un fort investissement public et l'appui de la Banque de France pour dégager des financements. Autant de choses que l'Union européenne soit empêche, par sa politique d'austérité, soit interdit pour ce qui est de l'intervention de notre Banque centrale nationale.

Entre la libéralisation et les privatisations imposées par la logique de l'UE et la dispersion absurde des moyens entre UE, État, région, département, intercommunalité, métropole, commune, j'en passe et des meilleurs, tout ce qui concerne l'écologie et l'environnement est géré sans cohérence, souvent en dépit du bon sens.

L'État chef d'orchestre à l'intérieur, la coopération bénéfique des nations souveraines à l'extérieur : voilà ce qui fonctionne et ce qui permet de placer l'intérêt général au-dessus du profit des pollueurs.

Pour faire de l'écologie une priorité et faire entrer la France dans un nouvel âge, nous devons changer nos priorités. Cela n'est pas possible sans se débarrasser d'abord du carcan européen dans lequel la seule véritable priorité restera toujours le profit. Devons-nous laisser mourir notre planète pour sauver leur Europe ? Quelle folie ! Retrouvons la raison, sauvons la planète, tant pis (tant mieux !) si l'UE n'y survit pas.

Les Patriotes : des convictions, pas des combines !

Lorsque, le 28 septembre 2017, je prépare la vidéo qui annonce la transformation des Patriotes en mouvement politique, je sens toute l'importance de ce que je fais alors que des millions de Français attachés à leur pays désespèrent de voir que leurs idées n'arrivent jamais au pouvoir. D'abord et avant tout, j'ai pensé la création des Patriotes comme un acte d'espérance. Depuis le début je partage cette conviction forte avec des personnalités engagées, notamment Franck de La Personne, venu du monde artistique, et qui aujourd'hui en tant que référent national à la société civile pour Les Patriotes s'efforce d'ouvrir le mouvement à toutes les sphères de la société française, sans aucune exclusive.

Bâtir un mouvement politique sur des bases nouvelles m'est apparu comme une impérieuse nécessité après le crash de Marine Le Pen et du Front national. Les vieux partis de l'ancien monde, à l'image de l'Union européenne, sont ankylosés dans leurs vieilles habitudes, et plus que rétifs au changement.

Construire un mouvement politique dans la France d'aujourd'hui, c'est exaltant mais c'est un parcours du combattant. Je me reconnais dans ces créateurs qui ont la passion de l'entreprise qu'ils sont en train de mettre sur pied mais qui doivent surmonter sur leur route une incroyable série d'obstacles, administratifs comme financiers. D'abord, nerfs de la guerre, les moyens matériels sont compliqués à trouver. La moralisation du financement de la vie politique a été une très bonne chose mais elle a une conséquence fâcheuse : elle avantage ceux qui ont les réseaux dominants. Aujourd'hui, ce sont les élections législatives, une fois tous les cinq ans seulement et pour cinq ans, qui déterminent les sommes d'argent public allouées à chaque formation politique. Il est donc difficile de lancer un nouveau mouvement quand on n'a pas les facilités, les soutiens de classe et les amitiés haut placées d'un Macron. Sur ce plan-là, je l'avoue, j'ai lancé Les Patriotes au pire moment, juste après les législatives, et donc sans aucun financement d'État. Pas un seul centime quand LFI, LREM, DLF, LR, le FN et les autres croulent sous les centaines de milliers, voire les dizaines de millions d'euros d'argent public ! Nous dépendons entièrement et uniquement de la générosité de nos adhérents et des donateurs qui veulent bien se manifester. Donateurs que nous sollicitons d'ailleurs énergiquement en ce moment même pour assurer le financement des élections européennes. Il serait judicieux que les moyens publics alloués aux partis politiques soient recalculés après chaque élection nationale et non simplement tous les cinq ans.

Mais je ne me plains pas : nous fonctionnons principalement avec des volontaires bénévoles qui consacrent leurs soirées et leurs week-ends à une cause en laquelle ils croient. Comme une vocation ! L'équipe en est d'autant plus soudée et efficace. Lorsque le mouvement aura grandi, cette expérience fondatrice restera, je l'espère, dans le souvenir de chacun.

La plus grande difficulté vient surtout du fait que les partis politiques ont déçu les citoyens au point que leur image est déplorable. Je comprends mes compatriotes : beaucoup de politiciens sont incapables de hauteur de vue. Les calculs électoralistes et les sondages leur servent à naviguer en espérant une petite place tranquille au soleil. Ces calculs politiciens saturent aujourd'hui le débat public, comme en témoigne l'omniprésente question de « l'union des droites ». Cette hypothétique alliance n'est en réalité qu'une énième combine d'appareils créée dans l'espoir de rafler le maximum de sièges lors des élections européennes. Mais ce serpent de mer de la vie politique française n'a jamais existé et n'existera jamais, parce qu'il n'a aucun sens, n'a aucun fondement idéologique, à l'heure où droite et gauche ne veulent plus rien dire, comme le prouve chaque jour Emmanuel Macron, Président élu en se situant au-dessus de ce clivage, et qui mène une politique compatible à 90 % avec le programme des Républicains.

Ceux qui parviennent aux responsabilités ne valent pas toujours mieux. Trop heureux de profiter des ors de la République, ils ont abandonné l'exercice réel du pouvoir aux instances européennes. Ils exercent, plus ou moins bien, une pure fonction de représentation mais ne décident quasiment plus de rien. Si le Royaume-Uni possède une unique famille royale, nous pouvons dire, hélas, que la France compte une classe entière et fort nombreuse de rois fainéants : parlementaires qui se contentent de transposer des directives européennes lorsqu'ils ne trahissent pas complètement la volonté du peuple (par leur vote sur le traité de Lisbonne en 2008 par exemple), ministres qui vont quémander des délais et des dérogations à Bruxelles mais ne peuvent pas faire grand-chose de plus, conseillers régionaux qui font de même à leur échelle, et n'oublions pas le conseil économique, social et environnemental qui existe aux niveaux européen, national et régional et agrège des personnalités non élues, rémunérées pour donner des avis et écrire chaque année quelques rapports dont l'utilité reste à démontrer... Oui, on pourrait faire de sacrées économies, si on le voulait.

En attendant, c'est notre démocratie qui souffre de la dégradation du pouvoir national. Les Français voient bien que leurs hommes politiques les mènent en bateau (ou en marche). Bien qu'ils sachent plus ou moins que les institutions européennes y sont pour quelque chose, le fonctionnement de l'Europe est tellement opaque et incompréhensible qu'il est difficile pour ceux dont ce n'est pas le métier de distinguer les responsabilités. Le flou et le mensonge permanents créent donc une défiance extrême vis-à-vis de l'univers politique.

Et quand on voit des partis renier tout ce qu'ils ont défendu avec force pendant des années parce que certains de leurs cadres imaginent qu'il s'agit d'une stratégie électorale pertinente, il y a de quoi dégoûter les électeurs de la politique. Je n'admets pas qu'un homme politique puisse se gargariser d'une alliance avec Nigel Farage et proclamer quelques années plus tard que le Frexit serait une « aberration ». J'apprécie Nigel Farage et je crois que cela est réciproque car nous aimons tous les deux les gens aux convictions solides. Je ne conçois pas non plus qu'on puisse jeter l'indépendance nationale aux orties, oublier la question européenne, pour se focaliser sur la seule question identitaire, sur la lutte contre l'avortement et le mariage pour tous, au nom de valeurs « conservatrices », comme veut le faire Marion Maréchal avec sa nouvelle école de sciences politiques. Non, la France vaut beaucoup plus que ces combats d'arrière-garde qui sentent la naphtaline et qui n'intéressent qu'une toute petite fraction de la société.

J'ai voulu garder ma part d'idéalisme et d'amour véritable pour mon pays. C'est pour cela principalement que j'ai quitté le Front national et fondé Les Patriotes. Je ne crois pas aux manœuvres picrocholines des Machiavel au petit pied qui s'imaginent pouvoir amadouer le système en se contredisant et faire tout autre chose une fois élus.

La sincérité des candidats est essentielle à la bonne marche de la démocratie, et même à son redémarrage. Il faut faire les promesses que l'on veut tenir et, si le peuple souverain nous fait confiance, tâcher d'être à la hauteur. Je refuse de mentir pour rassurer car je crois que cela finit toujours par se retourner contre le menteur. Seule la vérité rend libre. Pour que le Frexit soit une réussite, il faut que la plupart des Français soutiennent le projet et envisagent ensemble leur avenir. Oui, il faut remettre au centre de l'engagement politique la valeur de sincérité, si longtemps délaissée !

Nous avons des décennies d'expérience derrière nous : nous savons déjà que la construction européenne est un échec. Il faut changer de regard et d'approche, il faut être résolument optimiste. La liberté que le Frexit nous rendra ne doit pas nous faire peur, nous ne devons pas y aller à reculons. Hors de l'Union européenne, ce n'est pas le silence éternel d'un espace infini qui nous attend, il n'y a donc pas de quoi être effrayé. Nous construisons déjà le monde de demain et nous avons hâte d'y être !

Les Patriotes sont un mouvement sincère et optimiste, résolument tourné vers l'avenir. C'est en cela qu'il s'agit d'un mouvement original capable de redonner goût à la politique. Ma seule peur serait que le peuple français abdique sa souveraineté et ne croie plus en la démocratie.

Nous avons donc décidé de donner à notre mouvement politique des instances dépoussiérées et modernes. Une des originalités que nous revendiquons, c'est le tirage au sort de soixante adhérents pour participer au Forum, le parlement des Patriotes. Nous avons préféré faire confiance au sort plutôt qu'organiser des élections qui sont souvent, à l'échelle d'un parti, l'occasion de basses manœuvres et de rivalités épuisantes entre courants et entre personnes. Ainsi, c'est en nous inspirant de l'Antiquité grecque que nous modernisons les pratiques politiques. À Athènes en effet, un certain nombre de fonctions politiques importantes dépendait d'un tirage au sort. Il s'agissait dans l'esprit des Athéniens d'éviter les conflits entre grandes familles ou entre factions, ainsi que le développement du clientélisme. Nos statuts autorisent en outre la double appartenance, car il me paraît fou aujourd'hui de vouloir enfermer un individu dans une appartenance partisane forcément exclusive et unique : la démarche citoyenne ne doit pas être enserrée dans un carcan sectaire !

L'autre grande force qui me semble nécessaire pour un mouvement politique utile à la vie publique, c'est la crédibilité. Force est de constater que c'est une denrée rare dans le champ politique français, en particulier du côté de ceux qui ont un jour versé dans le souverainisme. Quelle crédibilité a encore le Front national aujourd'hui, après qu'il a été pulvérisé lors du débat de second tour et que tous les cerveaux l'ont quitté ? Quelle confiance peut-on lui accorder quand on voit ressurgir aujourd'hui les vieux démons racistes et quand le numéro 2 du Front national de la jeunesse traite une personne de couleur de « sale nègre de merde » ?

Plus largement, un parti qui se focalise sur une seule question, que ce soit l'immigration, l'écologie ou le Frexit, n'est pas un parti crédible, apte à exercer des responsabilités, c'est un parti condamné à rester marginal. Je veux proposer un projet complet pour la France. Nous travaillons sur de nombreux thèmes : numérique, agriculture, éducation, transition énergétique, protection animale, intelligence artificielle… Il ne s'agit pas d'avoir des trains de mesurettes à sortir du chapeau, comme ont trop tendance à le faire nos dirigeants actuels. Ce qui rend un projet crédible, c'est qu'il repose sur des bases solides et donne des orientations globales, cohérentes et claires. Quand les Français auront des élus qui savent où ils vont et ne se contentent pas de suivre aveuglément les directives de Bruxelles, alors, ils retrouveront confiance dans leur propre capacité à déterminer leur destin.

Et quand on a des convictions solides, sincères et assumées, on est « sur le terrain » comme on dit trop souvent aujourd'hui, c'est-à-dire dans la vraie vie. À mes yeux, le patriotisme ne se conçoit qu'engagé. C'est pourquoi je participe aux manifestations que je soutiens et j'invite tous les Patriotes à s'y rendre, même si nous ne les organisons pas. La défense de nos services publics et de notre modèle social se fait aussi dans la rue. Je suis très attaché au droit de manifester et à l'histoire des luttes sociales. La grève et le défilé dans la rue sont des moyens d'expression légitimes. Je regrette donc beaucoup la violence qui dénature trop souvent les fins des manifestations ces dernières années. Elle est inadmissible, insupportable ! La justice se montre bien trop laxiste avec les voyous et il est évident que le gouvernement laisse agir des groupuscules et des réseaux de casseurs pour discréditer les revendications sociales.

Sur le terrain, nous y sommes pour revendiquer mais aussi pour partager ensemble notre amour de la France. Régulièrement, dans tout le pays, les référents locaux des Patriotes organisent des Dimanches du patrimoine pour partir à la découverte des trésors à côté desquels on passe trop souvent. La nature a doté la France de paysages variés et superbes et l'histoire lui a légué des monuments, des villages, des constructions qui sont pour nous des témoins précieux et des sources d'émerveillement renouvelés. Le patriotisme s'exprime aussi dans un attachement profond à tout ce qui fait l'identité de la France.

Avec ces principes, depuis le 29 septembre 2017, nous bâtissons peu à peu notre mouvement. Les Patriotes se sont dotés d'une charte, d'instances validées lors de notre événement de lancement en février 2018 à Arras. Les adhésions progressent et les milliers de personnes que nous regroupons aujourd'hui travaillent, toutes ensemble, pour nous permettre d'avancer. Leurs profils sont intéressants : si les déçus du FN me rejoignent (et je ne peux que les comprendre), nous comptons aussi beaucoup de militants de partis de gauche et de partis de droite et un grand nombre de citoyens qui n'avaient jamais été encartés. Ils me confortent, lorsque je discute avec eux dans l'idée qui a toujours été la mienne : quand un homme politique prétend rassembler la « droite » exclusivement ou la « gauche » seulement, il se coupe d'emblée d'une grande part de la population. La plupart des Français ne se reconnaissent pas dans ce clivage, même si par tradition personnelle ou familiale ils peuvent encore pour certains se sentir plutôt de droite ou plutôt de gauche, ce qui n'a jamais été mon cas aussi loin que je m'en souvienne. Nos compatriotes peuvent voter une fois à gauche, une fois à droite, en fonction de projet et du candidat dans lesquels ils croient. C'est pourquoi je refuse de m'enfermer dans le confort des étiquettes toutes faites. C'est aux Français que je m'adresse, ceux qui veulent des solutions pour la France et non des stratégies pour faire gagner la « gauche » ou la « droite ».

Macron, lui aussi, a compris cela. Mais sa politique, si elle n'est ni vraiment de gauche ni vraiment de droite, n'est pas non plus pour les Français. Emmanuel Macron est le Président des privilégiés. C'est l'argent qui est le moteur et le principe de son action. Nous sommes donc littéralement en train de passer à une ploutocratie, c'est-à-dire le régime où la richesse donne le pouvoir. Je refuse cette fatalité. Et le seul moyen d'opposer une autre voie à Macron, c'est d'avoir des idées claires sur la justice sociale qu'on veut préserver et même faire progresser et sur les conditions qui permettront à la France de rester le pays de l'égalité et de la fraternité.

En appelant au rassemblement tous les Français d'où qu'ils viennent, de la gauche, du centre, de la droite, Les Patriotes aspirent à perpétuer et projeter dans l'avenir une idée éternelle de la France, grande quand elle est unie. Qui se souciait de l'appartenance politique d'un La Fayette, d'un Clemenceau, d'un Jaurès, d'un de Gaulle au moment où chacun d'entre eux est entré à sa façon dans l'Histoire ? À côté de dizaines d'autres au fil de l'Histoire, ils ont à un moment incarné la France et un idéal éminemment moderne. Je ne veux plus que patriotisme rime avec ringardise. Je veux que ce sentiment généreux ait pour écho les mots de fraternité, de modernité, d'unité, de conquête scientifique, de progrès de l'esprit, d'optimisme ! Sans aucune naïveté mais au contraire avec réalisme et foi en l'avenir. Nous devons inverser le procès en passéisme : il n'y a rien de moderne à tourner le dos à son pays et à son peuple. L'avenir n'est pas aux chimères du XXe siècle, l'Union européenne en fait partie, mais aux ambitions du XXIe.

Frexit, an I ?

« Le bonheur date de la plus haute Antiquité. Il est quand même tout neuf car il a peu servi », disait Alexandre Vialatte.

Le Frexit est une nécessité, ce livre y insiste suffisamment. Mais il ne s'agit pas de préparer un saut dans le vide. Avec Les Patriotes, je veux proposer des perspectives d'avenir concrètes aux Français et, au fil des chapitres de cet ouvrage, plusieurs ont été esquissées.

Ce que nous voulons, c'est que la France retrouve sa liberté pour se construire un présent et un avenir. Cet avenir, il faut l'envisager dès aujourd'hui. Lorsque au cœur de la guerre et des combats, le général de Gaulle chargea Jean Moulin de coordonner le Conseil national de la Résistance, il n'avait pas en tête seulement l'urgence de la Libération mais aussi la France d'après. La situation actuelle de notre pays est loin d'être aussi désespérée qu'elle ne l'était sous le joug criminel de l'occupant nazi et de ses séides du régime de Vichy. Nous pouvons encore moins nous contenter d'avoir pour seul projet le Frexit. Il en va de même d'ailleurs pour d'autres propositions importantes mais qui ne sauraient constituer à elles seules un projet, comme l'arrêt de l'immigration massive. Car ces idées ne sont pas des projets politiques de long terme. Elles laissent en suspens une question cruciale : et après, on fait quoi ?

Sortir de l'UE, c'est deux ans de négociations selon l'article 50 du Traité qui l'organise. Il est indispensable de voir au-delà. Ce n'est d'ailleurs pas difficile : il y a fort à faire dans le pays.

Tout d'abord, il faut relancer ses forces productives. Des décennies de toujours plus d'Europe ont mis à mal notre agriculture et notre industrie, nous devons nous pencher sur ces secteurs vitaux. La politique agricole de la France doit viser à rendre les agriculteurs autonomes, c'est-à-dire indépendants à la fois des subventions de l'État, des établissements bancaires auxquels ils empruntent et de la grande distribution dont ils sont les fournisseurs. Cela suppose de repenser de fond en comble les circuits et réseaux de financement de l'agriculture. Le respect de l'environnement doit devenir une des valeurs capitales de notre agriculture, pour qu'elle soit à la fois abondante et durable. Le chantier est vaste mais, avec un objectif clair et la volonté de l'atteindre, nous pouvons l'envisager.

L'industrie mérite elle aussi que l'État lui fournisse un meilleur cadre. L'innovation et la recherche dans les secteurs de pointe sont indispensables, évidemment, mais je crois qu'on a trop longtemps négligé les secteurs dits « traditionnels ». Il n'y a aucune raison que la France n'ait plus de sidérurgie, ne fabrique plus de chaussettes, laisse tomber la construction navale ou automobile. Cela n'a aucun sens de faire fabriquer en Chine ou ailleurs tant de produits dont nous avons besoin et que nous pouvons très bien produire nous-mêmes.

Un des combats de Gandhi, quand il luttait pour l'indépendance de son pays dans les années 1920, c'était l'industrie textile : il a incité les Indiens à avoir un rouet pour filer à la maison le coton de leurs vêtements (et il le faisait lui-même) car il considérait, à juste titre, que l'Inde resterait toujours dépendante et sous-développée si elle continuait à produire des matières premières pour les envoyer en Angleterre et en faire revenir des produits finis. C'est la raison pour laquelle une roue figure encore de nos jours sur le drapeau indien. Aujourd'hui, la France connaît cette situation : nous produisons par exemple du lin et du bois et nous les vendons à l'étranger pour réimporter ensuite des vêtements et des meubles. Quel paradoxe ! Nous pouvons reconstruire des filières complètes et nous devons le faire. Là encore, dans la tradition colbertiste adaptée au XXIe siècle, l'État doit s'impliquer pour que les choses avancent. Depuis qu'il s'est ligoté pour obéir aux règles européennes, nous voyons que l'industrie française souffre et décline. Sa part dans le PIB ne cesse de décroître. Sans protection de l'État, elle est fragilisée et même pas réellement libre : on lui met des bâtons dans les roues et certains politiques lui nuisent même franchement en laissant des multinationales étrangères racheter des fleurons avec des intentions pas toujours amicales.

Mais l'économie, ce n'est pas tout dans la vie. Après le Frexit, le grand chantier sera de reconstruire le cadre de vie des Français. L'aménagement du territoire et l'égalité d'accès aux services publics seront des enjeux majeurs. L'affaiblissement de l'État, pris entre le marteau de l'UE et l'enclume de la décentralisation, a fait naître et grandir des inégalités encore aggravées par les politiques d'austérité. Quand nous n'aurons plus à nous soucier du diktat européen, nous pourrons enfin réorganiser notre territoire de façon rationnelle et bénéfique pour le plus grand nombre. Le seul critère d'ouverture ou de fermeture d'un hôpital ne devrait pas être une chimérique rentabilité mais la pertinence médicale pour soigner au mieux la population. Le progrès des technologies médicales peut même nous amener à repenser le parcours des professionnels de santé pour éviter que certains soient en permanence surchargés de travail dans les grandes villes pendant que d'autres auraient besoin de pouvoir utiliser plus souvent du matériel de pointe pour rester au meilleur d'eux-mêmes. Tant que régnera l'obsession délirante de la réduction des coûts, nous ne pourrons pas réfléchir comme il faut aux transformations et modernisations nécessaires de notre système de santé, en particulier pour les soins palliatifs sur lesquels nous avons accumulé tant de retard. Je ne veux pas dire qu'il faut dépenser l'argent public sans compter, évidemment, mais nous devons déterminer intelligemment l'ordre de nos priorités. Le serment d'Hippocrate n'a jamais contenu de phrase comme : « Je ferai des économies au détriment de la santé publique. »

Les politiques à grande échelle ne concernent pas que les services publics. Ainsi, dans la France libérée de la tutelle bruxelloise, on pourra, comme en Suisse, imposer le ferroutage aux camions qui traversent le pays pour soulager nos routes nationales et nos autoroutes (qu'il faudra renationaliser car il est scandaleux qu'une infrastructure payée et entretenue en grande partie par l'argent public n'enrichisse que des actionnaires privés). Nous pourrons ainsi donner une nouvelle vitalité à nos lignes de chemins de fer et garantir que les trains de marchandises soient plus nombreux. Avec un maillage plus dense du territoire national pour les marchandises, on sera en mesure de proposer également plus de trains de voyageurs. Au lieu de perdre du temps, de l'énergie, de l'argent public et de la qualité de service à imposer une privatisation inutile et une libéralisation insensée sur le rail, on aura donc une stratégie réelle de développement de ce moyen de transport écologique et efficace.

Je ne me résigne pas à ce monde du tout-libéral qui sacrifie notre nature pour le profit de quelques-uns. Vivre en France, se promener dans les campagnes de notre beau pays, y entendre les oiseaux chanter et les abeilles bourdonner… Je ne peux accepter qu'on y renonce. J'aime la France avec passion et je ne crois pas à la fatalité. Nous n'avons aucune raison de résigner et, au contraire, toutes les raisons d'espérer un avenir meilleur.

Le Frexit, ce sera aussi, bien sûr, le début d'une nouvelle vie démocratique pour notre pays et l'occasion de rendre au peuple français sa fierté. Il ne s'agit pas de le faire dans l'opposition à d'autres peuples ou dans la revanche. Je crois que le modèle suisse, là encore, doit nous inspirer : le recours régulier à des référendums permet au peuple suisse d'avoir une très grande conscience politique et un très fort sentiment de son unité, malgré des langues et des religions différentes.

Nous aurons des campagnes électorales plus sereines et plus constructives, nous aussi, quand la France sera indépendante. Pour le moment, les hommes politiques ne font pour la plupart que brasser du vent et tourner en rond. Comme ils ont délégué tous les pouvoirs importants à Bruxelles et n'ont aucune envie de les récupérer, ils se disputent les prébendes de la République sans avoir rien de sérieux à proposer. La conséquence très négative de cette situation, c'est que les disputes politiques sont vite hystériques : sur des sujets futiles ou des sujets pour lesquels on ne maîtrise pas la décision qui compte, on ne peut pas échanger d'arguments, donc on échange des noms d'oiseaux. Le climat du débat public sera infiniment plus sain et plus agréable quand nous aurons enfin à discuter de nos propres décisions, de leurs conséquences et des choix collectifs que nous voulons faire.

Pour fédérer un peuple, rien de mieux que la démocratie et la participation fréquente des citoyens à la vie publique.

Et cela nous permettra de prendre enfin à bras-le-corps le problème important de l'immigration et de l'assimilation des immigrés. Il existe un large consensus dans la population pour une diminution drastique de l'immigration. Mais le défi que nous avons à relever, une fois nos frontières rétablies et l'immigration considérablement réduite, c'est celui de l'assimilation des personnes immigrées et de leurs enfants. Beaucoup des terroristes qui ont attaqué la France et le peuple français ces dernières années étaient des enfants d'immigrés. Nés et élevés en France, ils auraient dû devenir des Français et non prendre les armes contre la France.

Je crois qu'en faisant de l'État le bouc émissaire de tout ce qui ne va pas, en taxant de nationalisme toute forme de patriotisme et attribuant au nationalisme tous les maux (et les européistes sont les plus fervents zélotes de cette haine de la nation), on a contribué à enrayer le processus d'assimilation. Il faut que les jeunes Français aiment leur pays. Aimer son pays, ce n'est pas en vouloir aux autres, c'est d'abord avoir conscience de la communauté de destin qu'on forme avec ses compatriotes. C'est payer ses impôts en râlant peut-être, mais sans chercher à frauder parce que, au fond, on sait que c'est utile à la collectivité. C'est vibrer au souvenir du sacre de Reims et lire avec émotion le récit de la fête de la Fédération, comme l'écrivait Marc Bloch, non pas parce qu'on pense à ses ancêtres à soi, simple individu particulier, mais parce que ce sont des moments essentiels pour le peuple auquel on appartient.

Ce que nous visons après le Frexit, c'est l'établissement des conditions dans lesquelles les Français pourront être heureux ensemble. Un vieux proverbe allemand disait : « Heureux comme Dieu en France. » Il est temps de le remettre au goût du jour !

Mais qu'est-ce qu'un projet politique qui prétend apporter le bonheur ? J'ai beaucoup réfléchi à la question, entre autres grâce à Karl Popper. Il écrit en effet dans *La Société ouverte et ses ennemis* : « Vouloir le bonheur du peuple est, peut-être, le plus redoutable des idéaux politiques, car il aboutit fatalement à vouloir imposer aux autres une échelle de valeurs supérieures jugées nécessaires à ce bonheur. On verse ainsi dans l'utopie et le romantisme ; et, à vouloir créer le paradis terrestre, on se condamne inévitablement à l'enfer. » La première fois que j'ai lu cet extrait, j'ai été dubitatif : le bonheur du peuple ne doit-il pas être le but de tout dirigeant politique ? La deuxième fois, j'ai compris et je me suis dit qu'il s'agissait d'une belle description de l'Union européenne, et tout à fait prémonitoire, puisque le livre date de 1945. Enfin, j'ai pris le temps de méditer cette réflexion qui va à rebours des idées reçues.

Un simple homme politique, même aux plus hautes fonctions, n'est pas un être supérieur chargé de veiller sur ses concitoyens comme un père sur ses enfants. Cette conception paternaliste n'a plus cours dans la France du XXIe siècle. Il est l'égal de ses compatriotes, leur pair, simplement choisi par eux pour diriger les affaires et mener le gouvernement. Mais c'est le peuple qui reste souverain et donc libre de choisir son destin.

Voilà où se trouve l'erreur fondamentale de la construction européenne. Partant d'un bon sentiment (assurer l'absence de guerre serait un bon moyen d'assurer le bonheur des gens), on a voulu construire des institutions bridant la liberté des citoyens afin de les empêcher de faire les mauvais choix. C'est utopique et aberrant. En démocratie, le gouvernement n'est pas là pour brider le peuple, il est là pour appliquer sa volonté. Le résultat, c'est que l'Union européenne devient une source de problèmes dans tous les domaines, et en particulier l'économie où elle a eu des décennies pour agir. L'UE est devenue un obstacle à notre bonheur et à notre avenir, c'est une construction qui bouche nos perspectives et nos horizons sans jamais s'achever ni même atteindre un état acceptable.

Quant à dire que le peuple est un incompétent incapable de décider au mieux, c'est un argument que cinq mille ans d'histoire infirment : car ceux qui l'emploient oublient que les hommes ont très rarement été organisés en démocratie et très souvent été dirigés par ceux qui se considéraient comme meilleurs que le peuple. Il n'est pas difficile de constater que ces classes dirigeantes sont très loin d'avoir toujours montré la moindre supériorité. Ceux qui disent que le peuple réagit avec ses émotions et non sa raison, qu'il suffit de flatter ses bas instincts pour mener les pires politiques, qu'il ne comprend pas toujours ce qu'il fait, ont-ils conscience qu'on peut dire la même chose de n'importe quelle forme de régime ? Les rois ne valent pas mieux et les assemblées de notables non plus. Ce qu'on reproche au peuple, au fond, c'est d'être composé d'êtres humains soumis à leurs passions. Mais le souverain sera toujours humain, qu'il soit un monarque, un sénat ou un peuple et il faut être très naïf ou très cynique pour penser qu'un aréopage de savants universitaires ou de riches entrepreneurs sera moins soumis aux passions que le peuple réuni en corps électoral. Churchill avait trouvé la bonne formule : « La démocratie est la pire forme de régime – à l'exception de toutes les autres qu'on a déjà essayées par le passé. »

Ce que je propose aux Français, ce n'est donc pas de les rendre heureux. Non, je leur propose de se considérer comme des adultes responsables capables de trouver leur bonheur eux-mêmes. Le projet politique que je porte est celui qui entrave le moins cette recherche du bonheur. Ce que l'État peut offrir aux citoyens, ce sont des conditions favorables pour qu'ils construisent une vie heureuse mais c'est à chacun de prendre ses responsabilités pour réussir.

Un peuple libre qui se donne à lui-même ses lois et les respecte justement parce qu'il les a choisies, voilà quel est mon idéal politique pour la France. Rien ne surpasse un tel modèle et je voudrais qu'on puisse un jour parler des Français comme le Grec Démarate décrit les Spartiates au roi perse Xerxès, qui s'apprête à envahir la Grèce à la tête d'une immense armée composée de contingents venus de tout son vaste empire : « S'ils sont libres, ils ne sont pas libres en tout : ils ont un maître absolu, la loi, qu'ils craignent bien plus que tes sujets ne te craignent » (Hérodote, *L'Enquête*, VII, 104, 4).

ANNEXES

Intervention de Florian Philippot au Parlement européen face au président Macron le 17 avril 2018

Monsieur le Président, Monsieur le Président de la République,

J'ai beaucoup trop de respect pour votre fonction pour me réjouir de l'exercice auquel vous êtes en train de vous prêter devant cette Assemblée qui joue au parlement – parce qu'elle n'est pas un parlement et qu'il n'y a pas de peuple européen unique à représenter – et qui est largement acquise à Bruxelles, où l'on déplaît quand on évoque les peuples et où l'on plaît quand on communie dans la religion européenne.

Vous êtes venu pour plaire : plaire aux puissants, comme vous avez toujours su le faire ; plaire aux plus riches, qui peuvent désormais, selon vos propres mots, se débrouiller tout seuls, s'exonérant de leur devoir de solidarité envers la nation ; plaire aux donneurs de leçons professionnels, à ceux qui, depuis longtemps, ont confisqué le pouvoir et ont tourné le dos aux peuples.

Votre jury est là, dans les rangs de la Commission européenne, et c'est lui qui, chaque jour, vous évalue, et c'est lui qui, aujourd'hui, va vous mettre une note. Rassurez-vous, votre note sera excellente parce que votre discours a repris sans surprise tous les canons du catéchisme européen. Votre jury vous accorde un bon point quand vous parlez de souveraineté européenne, manière on ne peut plus fallacieuse de saper la souveraineté nationale, la seule qui vaille en démocratie. Votre jury vous donne ses encouragements quand vous endossez son ordre du jour : libéralisation, destruction des services publics, ouverture totale des frontières au mépris des risques migratoires insensés et du risque terroriste, condamnation idéologique de toute forme de protection commerciale.

Aujourd'hui, c'est vrai, vous avez manqué de peu les félicitations du jury, parce que vous vous êtes exprimé pour une fois en français, alors que, de plus en plus souvent, dans votre expression publique, vous abandonnez la langue de Molière et la francophonie au profit de l'anglo-américain. Mais, rassurez-vous, vous restez le chouchou de la Commission. Vous êtes tellement bon élève, tellement bien appliqué à suivre la politique de la Commission et des lobbies que vous avez déjà rejoint Tony Blair et Matteo Renzi au rang des coqueluches de Bruxelles. Et, comme eux, vous êtes condamné à promettre de réformer l'Union européenne, mais vous décevez déjà parce qu'elle est irréformable par construction.

Monsieur le Président de la République, vous avez déjà échoué sur le travail détaché et sur le glyphosate. Voilà pourquoi je suis triste. Diriger une vieille nation comme la France est une fonction trop noble pour qu'elle s'abîme dans cette *Star Academy* des étoiles pâlissantes du drapeau européen où chacun défile comme un vulgaire élève.

Monsieur le Président de la République, ne pataugez pas dans les eaux croupies des technocrates et des lobbies. Le monde ici est déjà le vieux monde. Le monde de demain est celui des peuples qui relèvent la tête. Soyez connecté à cette dynamique de l'histoire. Sous l'impulsion de Nigel Farage, suivi par tant d'autres, le peuple britannique a déjà brisé ses chaînes. Oui, le peuple britannique, que cela vous plaise ou non, a voté souverainement pour sa liberté et pour son indépendance. La liberté est l'avenir, l'Union européenne est déjà le passé.

Monsieur le Président de la République, parlez donc de la France et, partant, parlez au monde, comme la France sait le faire quand elle est libre et comme savait le faire le président Chirac, en 2003, quand lui savait refuser les guerres américaines.

Vous l'avez dit vous-même dans un récent entretien à la chaîne BBC, si un référendum sur le Frexit était organisé en France, le Frexit l'emporterait. Alors, soyez démocrate, faites donc ce référendum en France, offrez aux jeunes la fierté, aux anciens la dignité et à tous la liberté.

La France vaut bien mieux qu'un long tête-à-tête épuisant avec Bruxelles et Berlin. La France est un pays sur tous les continents et tous les océans. Nos nations sont des civilisations bien plus brillantes que ne le seront jamais n'importe quels traités européens. Sortons de l'Union européenne pour rentrer dans le monde. Et si, d'aventure, Monsieur le Président de la République, cette perspective ne vous séduisait pas, alors vous pourriez vous reconvertir au sein de la Commission européenne ou directement vous faire recruter chez Goldman Sachs. Vous n'aurez fait que griller une étape.

Vive le Frexit, vive la liberté de nos nations, vive la France libre !

La charte des Patriotes
(texte fondateur)

Les Patriotes proposent à tous les Français, en dépassant le clivage entre droite et gauche, de se rassembler pour l'indépendance nationale, le progrès social, la solidarité et la promotion du modèle culturel français, dans la pleine application des principes de la République.

Les Patriotes pensent que le patriotisme est une idée ouverte, moderne et généreuse, la meilleure clé pour répondre aux défis du XXIe siècle : environnementaux, technologiques, sociétaux, culturels, économiques, sociaux… Contrairement aux idéologies, le patriotisme est pragmatique parce qu'il s'appuie sur la nation, seule réalité qui permette à la démocratie, au progrès et à la solidarité collective de s'épanouir.

La République garantit à chacun les conditions matérielles et intellectuelles nécessaires à son épanouissement.

Nos perspectives pour la France

1. Les Patriotes veulent dire la vérité sur l'Union européenne. Depuis des dizaines d'années, les politiques font croire qu'elle est réformable, ce qui est systématiquement démenti par les textes et la réalité. C'est pourquoi seul un Frexit organisé avec méthode sur la base de l'article 50 du Traité sur l'Union européenne permettra au peuple de retrouver sa liberté et à la France sa souveraineté. Aucune disposition juridique et aucune juridiction ne doivent être supérieures à la Constitution de la République et à la loi votée selon les dispositions de celle-ci. Grâce au Frexit, la France pourra se libérer des mauvaises directives européennes (comme celle sur le détachement des travailleurs), des mauvais traités commerciaux (comme le CETA) et des mauvaises politiques (comme la suppression des frontières économiques et territoriales). Sans souveraineté, la politique n'est que communication et vaines promesses. Avec la souveraineté, la politique retrouve sa finalité d'action. En se libérant de l'Union européenne, la France pourra de nouveau coopérer avec toutes les nations du monde.

2. Les Patriotes œuvrent pour une nouvelle démocratie, dans laquelle le peuple ne sera plus méprisé mais appelé à s'exprimer régulièrement par référendum, y compris d'initiative populaire. Le mode de scrutin proportionnel sera généralisé pour permettre à tous les courants d'idées d'être représentés. Les institutions seront dépoussiérées : utilisation des nouvelles technologies pour dialoguer directement avec les citoyens, réduction

du nombre d'élus rémunérés, suppression du Sénat, des Conseils économiques, sociaux et environnementaux, des Conseils régionaux, revalorisation de ces espaces de démocratie vivante de proximité que sont les communes et du rôle du maire.

3. Les Patriotes promeuvent l'aménagement du territoire et les grands travaux qui connectent la France au XXIe siècle, dans le respect de l'environnement. L'aménagement du territoire se traduit notamment par le maintien et le développement des services publics dans la ruralité, les petites villes et les banlieues. La puissance publique doit veiller à la revitalisation du tissu industriel et économique en métropole comme en outre-mer.

4. Les Patriotes sont convaincus que la France, possédant le premier domaine maritime du monde, doit bâtir une ambitieuse politique de la mer. Nos compatriotes d'outre-mer en seront les premiers acteurs et bénéficiaires.

5. Les Patriotes favorisent une économie verte économe en énergie et en émission de CO_2, produite localement, et une agriculture respectueuse de l'environnement, afin de réaliser une transition écologique complète. L'État stratège, en partenariat avec les acteurs privés, impulse cette économie durable, créatrice d'emplois, préservant la nature, la sécurité alimentaire et la santé publique.

6. Les Patriotes ambitionnent d'être un grand mouvement politique de défense des animaux, êtres sensibles.

Leur bien-être ne saurait dépendre des seuls caprices des êtres humains. Les Patriotes demandent notamment des conditions d'abattage dignes, la fin des fermes-usines, la réduction massive des expérimentations sur les animaux, la fin de la corrida, de la chasse à courre et d'autres pratiques cruelles, et soutiennent les associations qui recueillent les animaux abandonnés.

7. Les Patriotes se battent pour le plein-emploi et des revenus convenables pour tous. Pour cela, la France doit choisir le patriotisme économique pour relocaliser la production et protéger son économie de la concurrence déloyale, en se donnant les moyens nécessaires, à commencer par une nouvelle monnaie nationale et un investissement massif dans la recherche et l'innovation. Le développement des petites et moyennes entreprises, de l'artisanat et du commerce, qui forment le tissu économique du pays, est une priorité.

8. Les Patriotes, lassés par le gaspillage de l'argent du contribuable, prônent une politique budgétaire responsable où chaque dépense publique sera évaluée de façon rigoureuse à tous les niveaux de l'administration.

9. Les Patriotes s'engagent pour une société de la dignité humaine où le progrès économique et social effacera progressivement les inégalités, notamment de revenus (petits salaires, petites retraites), mettra fin au mal-logement et permettra de pérenniser la retraite par répartition. Les dernières lois Travail seront abrogées au profit d'une législation juste et protectrice.

10. Les Patriotes sont convaincus que la France a vocation à être une grande puissance agricole. Dans cette perspective, la maîtrise de la politique agricole est indispensable pour retrouver notre indépendance alimentaire et pour que les agriculteurs et les éleveurs vivent de leur travail, tout en produisant une nourriture saine et de qualité.

11. Les Patriotes considèrent que l'égalité entre les femmes et les hommes dans tous les domaines fait partie de l'identité de la France, notamment selon le principe : à travail égal, salaire égal. La sécurité, la liberté et la tranquillité des femmes sur tout le territoire et en tout temps doivent être garanties.

12. Les Patriotes, pour assurer l'avenir et la prospérité de la société française, misent sur une politique familiale généreuse attentive au niveau des allocations et aux infrastructures de la petite enfance (crèches, garde à domicile, assistantes maternelles...).

13. Les Patriotes ont l'ambition de remettre sur pied une politique de santé ambitieuse assurant à tous sur l'ensemble du territoire national un accès aux soins rapide et de qualité. Ils veulent miser sur l'innovation, la chasse au gaspillage et le bras de fer avec les laboratoires afin de mieux rembourser les patients et d'investir dans l'hôpital public et les maisons de santé. La dépendance doit faire l'objet d'une nouvelle branche de la Sécurité sociale pour être prise en charge avec efficacité. Le tiers payant doit

être généralisé. La générosité de la France doit s'exercer en particulier envers nos compatriotes en situation de handicap.

14. Les Patriotes sont attachés à une école qui transmette correctement les savoirs fondamentaux, la langue française, la fierté d'être français, la laïcité et les valeurs de la République. Ils défendent l'égalité des chances qui passe par la méritocratie républicaine et permet de relancer l'ascenseur social. L'école est un lieu qui favorise le goût de l'effort sous l'autorité et dans le respect des enseignants.

15. Les Patriotes veulent assurer à la France son indépendance et sa prospérité par la recherche scientifique et technique dans tous les secteurs stratégiques comme le spatial, l'énergie, l'aéronautique, le numérique, l'intelligence artificielle, les biotechnologies... À cet effet, la France doit profondément rénover son université et mieux connecter son système d'enseignement supérieur, y compris les grandes écoles, à son industrie nationale.

16. Les Patriotes défendent une politique de bien-être au travail qui passe par la formation professionnelle, l'apprentissage, les plans de carrière et les politiques de ressources humaines afin de donner du sens et un sentiment de justice aux efforts de chacun.

17. Les Patriotes rappellent qu'est citoyen français, avec tous les droits et devoirs fixés par la loi, celui qui est français, sans distinction de croyance, d'origine, de

couleur de peau ou d'orientation sexuelle. La citoyenneté s'acquiert par filiation ou par naturalisation au mérite.

18. Les Patriotes estiment que tout citoyen doit contribuer aux charges communes par une fiscalité équitable en fonction de ses revenus et de son patrimoine. En conséquence, ils allégeront l'impôt des classes moyennes et l'augmenteront pour les plus riches, notamment par le rétablissement de l'ISF. Le retour de la croissance économique se traduira par une baisse de la TVA. Appliqué au monde de l'entreprise, ce principe entraînera l'allégement de la charge fiscale des petites et moyennes entreprises et une pénalisation des grands groupes qui pratiquent l'évasion fiscale.

19. Les Patriotes cherchent la concorde et combattent à cette fin toutes les formes de discrimination, y compris celles dites « positives », qui n'ont pour effet que de créer de la haine et de monter les Français les uns contre les autres.

20. Les Patriotes défendent la liberté individuelle contre les pressions et les intimidations de tout groupe. Ils sont favorables au respect de la laïcité, y compris à l'université et dans les entreprises. En luttant contre l'islamisme, la République permet notamment aux Français musulmans de pratiquer leur religion sans risquer d'être assimilés à cet extrémisme.

21. Les Patriotes estiment que l'immigration doit être fortement réduite pour préserver la traditionnelle capa-

cité d'assimilation de la France et son équilibre économique, social et culturel. Pour cela, notre pays doit avoir une politique d'immigration sérieuse, impossible dans le cadre de l'Union européenne, par définition laxiste et sans frontières. L'immigration illégale ne peut être tolérée dans un État de droit, en métropole comme en outre-mer. La France assure la solidarité de la nation à l'ensemble de ses ressortissants et des étrangers en situation régulière et respectueux de la loi. L'AME doit être supprimée et remplacée par un dispositif de prise en charge des urgences vitales et des risques épidémiques.

22. Les Patriotes sont favorables à une grande politique de la culture et du patrimoine. Ils veulent donner à chacun accès aux trésors de la culture française, à un grand nombre de langues étrangères et anciennes, et mettre en valeur le patrimoine national et local. La France doit stimuler la création française et résister à l'américanisation. À cet effet, un grand ministère des Affaires culturelles doit voir le jour. En outre, elle doit développer la francophonie avec les autres pays concernés.

23. Les Patriotes défendent les grandes libertés collectives et souhaitent l'épanouissement de chacun dans un respect scrupuleux des libertés individuelles. Le Gouvernement doit se concentrer sur les grands problèmes de la nation et laisser à la société le soin de définir son modèle de société, par des outils comme le référendum d'initiative populaire. Selon cette philosophie, Les Patriotes respectent les derniers choix de société comme le mariage pour tous.

24. Les Patriotes veulent rétablir la sécurité en France en renforçant la police, la gendarmerie, les douanes, le renseignement et en dotant notre pays des moyens juridiques pour lutter contre la menace du terrorisme et les idéologies qui le favorisent, comme l'islamisme. À cette fin, la France doit retrouver ses frontières nationales, rétablir la double peine et démanteler les filières du crime organisé.

25. Les Patriotes estiment que la France doit être une grande puissance militaire pour la paix dans le monde et la défense de nos intérêts nationaux. Il faut consacrer immédiatement 2 % de notre PIB au budget de la Défense et tendre vers les 3 %, ainsi que développer et soutenir son industrie nationale de Défense. Pour garantir notre indépendance politique, la France doit sortir du commandement intégré de l'OTAN et refuser tout projet d'armée européenne dont les premières victimes risquent d'être les peuples européens eux-mêmes.

26. Les Patriotes, pour réduire les flux migratoires et permettre aux femmes et aux hommes de vivre heureux dans leur pays, engagent la France dans une politique de coopération et de développement extrêmement concrète. Elle doit tendre à y employer 0,7 % de son PIB. Elle veille ainsi à ne pas favoriser la fuite des compétences.

ACHEVÉ D'IMPRIMER EN AOÛT 2018
SUR LES PRESSES DE L'IMPRIMERIE CORLET S.A.
À CONDÉ-EN-NORMANDIE
DÉPÔT LÉGAL : SEPTEMBRE 2018. N° D'IMPRESSION : 198426
Imprimé en France